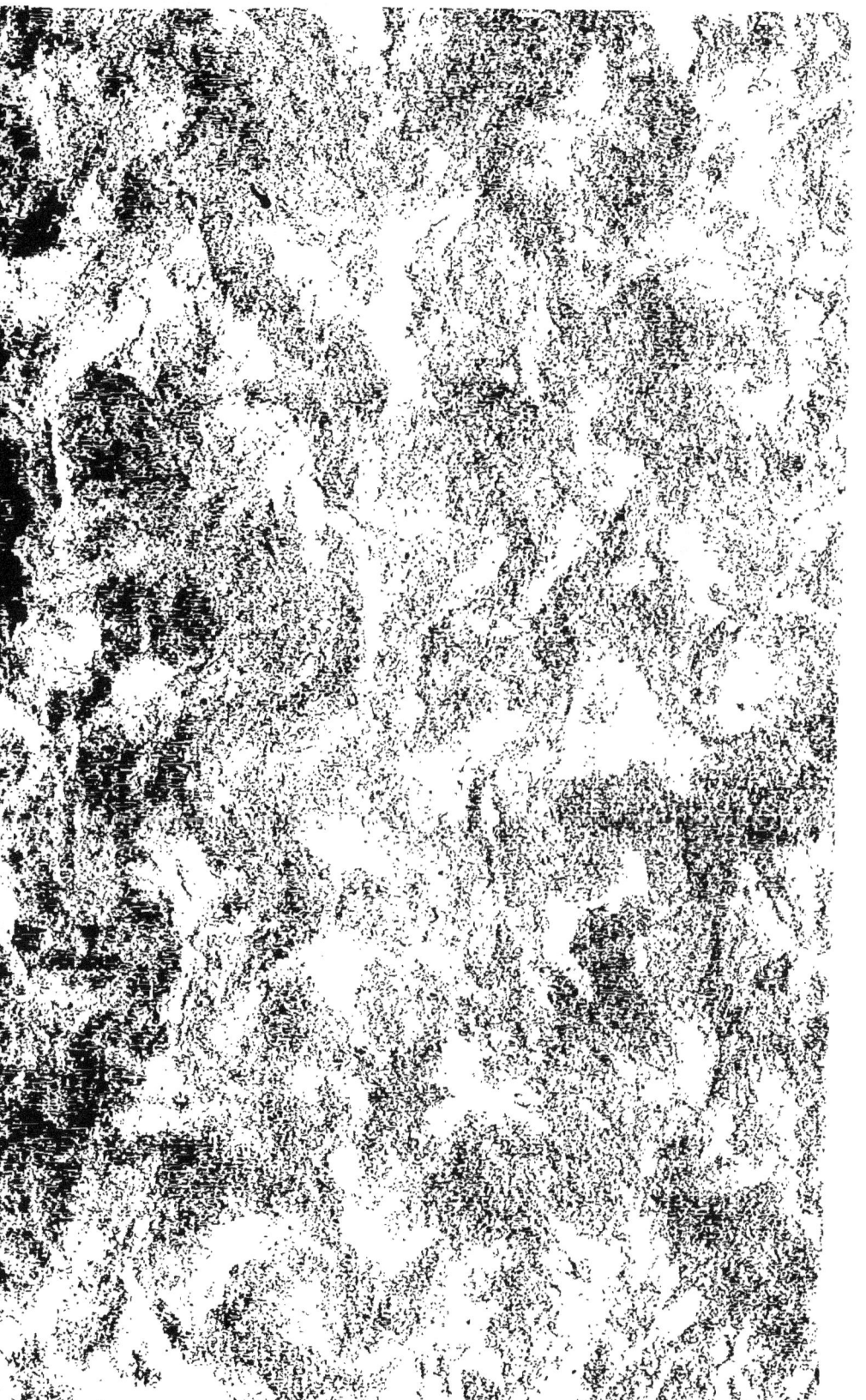

UN

EMPIRE QUI CROULE

LE MAROC CONTEMPORAIN

PAR

LUDOVIC DE CAMPOU

PARIS
LIBRAIRIE PLON
E. PLON, NOURRIT ET Cie, IMPRIMEURS-ÉDITEURS
RUE GARANCIÈRE, 10
—

Tous droits réservés

UN

EMPIRE QUI CROULE

L'auteur et les éditeurs déclarent réserver leurs droits de traduction et de reproduction à l'étranger.

Ce volume a été déposé au ministère de l'intérieur (section de la librairie) en mai 1886.

PARIS. TYPOGRAPHIE E. PLON, NOURRIT ET Cie, RUE GARANCIÈRE, 8.

UN

EMPIRE QUI CROULE

LE MAROC CONTEMPORAIN

PAR

LUDOVIC DE CAMPOU

PARIS

LIBRAIRIE PLON

E. PLON, NOURRIT et Cie, IMPRIMEURS-ÉDITEURS

RUE GARANCIÈRE, 10

—

Tous droits réservés

UN EMPIRE QUI CROULE

I

LE SULTAN ET LE MAKHZEN.

Le sultan du Maroc est le schériff Moula Hacen, et le Makhzen est son entourage officiel ou officieux qui dirige les affaires du pays.

Moula Hacen était monté sur le trône avec de bonnes intentions. Dans les premières années de son règne, il a voulu s'occuper lui-même des affaires, empêcher les abus et s'opposer aux exactions des caïds. C'est alors que le premier vizir de l'époque, Si Mouça, qui aimait à tout faire par lui-même, sans que l'œil du maître s'en occupât, et que ce contrôle gênait particulièrement, envoya quelques émissaires à Constantinople acheter les plus belles Géorgiennes pour le harem du Schériff.

Cette gracieuseté produisit bien les effets attendus. Le Schériff vécut alors dans son harem, jetant un regard affaibli sur les affaires de son Empire, et laissant les rênes du gouvernement entre les mains de son vizir.

Si Mouça est mort, mais il a eu des remplaçants qui ont bien continué ses traditions.

Sidi Mohammed Ben Larbi Jemai, le vizir actuel dit El Fkhi, le jurisconsulte, Ben Ahmed Ben Mouça, fils de l'ancien vizir, qui est El Ajib ou le chambellan, forment deux individualités intelligentes, énergiques, travailleuses, fortement unies entre elles, et constituent l'élément vital du Makhzen.

C'est la tête et le bras du gouvernement, ce sont eux qui s'occupent des affaires, qui suivent tantôt une politique, tantôt une autre, mais qui poursuivent avec acharnement le double but de rester au pouvoir et de s'enrichir. Leur situation, vis-à-vis du Sultan, rappelle bien celle des Maires du Palais, vis-à-vis des Rois fainéants. Le Sultan est un véritable mineur en tutelle, qui ne veut ni ne peut sortir du cercle de feu où il se trouve emprisonné.

En dessous de ces deux clefs de voûte de l'édifice marocain, le Makhzen comprend quelques autres sujets, créatures et instruments du Vizir; ce sont : le ministre de la guerre, frère du Vizir, Moula Ahmed Soueïri; le grand maître de l'artillerie et ministre des travaux publics; le cheick de l'Islam, conseiller religieux du Sultan, et Bargach, ministre des affaires étrangères à Tanger.

Cet état-major n'a d'ailleurs qu'une importance secondaire.

Si l'on considère de près la politique du Maroc depuis près d'un siècle (depuis l'époque de sa décroissance), on peut voir que depuis Moula Sliman, le prédécesseur d'Abd El Raman, le seul but poursuivi par les schériffs est un but d'abstention et d'éloignement à tout point de vue des Européens et des Puissances.

A un moment donné, le Schériff peut paraître incliner du côté d'un ambassadeur, afin d'en contre-balancer un autre, mais il est bien dans l'intention de n'en favoriser aucun, en donnant des espérances à tous, et de fermer le plus possible de portes au progrès et à la civilisation.

C'est dans ce but que le gouvernement marocain a relégué toute la vie diplomatique à une extrémité de son Empire, à Tanger, et qu'il a donné aux divers envoyés européens, comme un os à ronger, son ministre des affaires étrangères, qui n'est en réalité qu'un serviteur du Vizir.

C'est dans ce but qu'il a pris trois résidences : Fez, Mequinez, Maroc, éloignées l'une de l'autre, afin de n'en avoir aucune fixe, où pourraient venir les représentants des Puissances.

C'est dans ce but enfin qu'il empêche la sortie des céréales, qu'il frappe de droits exorbitants d'entrée et de sortie les autres matières, qu'il ne fait et ne veut faire aucun travail pour les ports du littoral, et qu'il empêche toute exploitation de mines ou de forêts.

Le Vizir et le Chambellan suivent de point en point cette politique d'isolement, d'abstention et d'anéantissement des forces vitales de la nation. Mais comme d'autre part il faut que l'argent rentre et dans les caisses du Sultan et dans leurs propres caisses, et que les revenus des douanes sont assez restreints, ils dépouillent à l'intérieur les caïds et les fellahs jusqu'à la dernière obole, jusqu'au dernier grain de blé, prétendant que des gens pauvres sont sans esprit de révolte. Aussi leurs fortunes déjà considérables s'agrandissent-elles de jour en jour, en même temps que le pays s'appauvrit dans des proportions effrayantes.

D'ailleurs, pour arriver à ce résultat, tous les moyens sont efficaces, toutes les trahisons bonnes.

Pour rester au pouvoir et être les seuls conseillers de Moula Hacen, ils écartent systématiquement tous les éléments européens, musulmans, étrangers ou même marocains, et ne reculent pas devant le poison pour se débarrasser de ceux qui les gênent.

Ils donnent une paye dérisoire à ceux dont l'instruction les inquiète, et les ingénieurs marocains qui, après de brillantes études techniques en Angleterre, en Allemagne ou en Italie, reviennent dans leur pays, touchent quatorze sous par jour et s'étiolent en croupissant dans les douanes de Rabat et de Tanger.

On veille avec un soin minutieux à ce que personne n'approche du Schériff et ne prenne de l'empire sur son esprit. Si à certaines heures, contraint par la nécessité, on promet quelque concession à une Puissance européenne, on est bien dans l'intention formelle de ne pas tenir sa promesse, et de trouver au dernier moment un bon prétexte pour l'ajourner.

Que fait pendant ce temps le Schériff?

On ne peut pas le juger par ses actions, car il n'a rien fait jusqu'aujourd'hui. Ses intentions sont peut-être bonnes, mais leur mise à exécution est arrêtée par l'entourage, et il n'a d'ailleurs ni assez d'intelligence ni assez d'énergie pour se placer au-dessus de sa situation. Il craint lui aussi, comme tous les Marocains, il craint d'être ou détrôné ou appauvri, et passe sa vie assez tranquillement au milieu de ses femmes, à jouer aux échecs, à faire de la musique, ou à fabriquer lui-même le couscoussou, spécialité où il excelle.

Néanmoins, il voit en lui le premier Sultan de l'Islam, et croit que son Empire est le premier de la terre. Avec beaucoup de fatuité, il laisse en quarantaine pendant trois jours les ambassades qui viennent à lui, et reçoit, à cheval sous son parasol, les représentants des premiers peuples du monde, qui, eux, sont à pied et tête nue en plein soleil.

Moula Hacen vit dans une ignorance absolue de tout ce qui est progrès ou lumière, et il ne tient pas à en savoir davantage.

II

L'INSTRUCTION AU MAROC.

L'instruction au Maroc est surtout obligatoire, car c'est à coups de bâton que l'on fait pénétrer dans les jeunes cervelles arabes la science infuse, je veux dire le Coran.

Le Coran est un abrégé des connaissances humaines à l'usage des Marocains, qui se contentent de cette lecture dans leur bas âge et arrivent, à force de prodiges, à l'apprendre par cœur en entier.

A côté de cette instruction enfantine, qui a pour effet, à coup sûr, de développer la mémoire, mais non l'intelligence, existe-t-il au Magreb des écoles spéciales où l'on apprenne les sciences, l'histoire, la philosophie, la théologie? Absolument aucune; et je me souviens de mon étonnement quand, à mon arrivée à Fez, on me dit qu'il y avait dans tout le Maroc deux savants seulement. Et quels savants!

Le premier, le caïd Ben-Soueïri, grand maître de l'artillerie, savait autrefois prendre un niveau, et a une partie des connaissances du dernier arpenteur de France.

Le second, le caïd Ben-Abdallah, qui a encore, paraît-il, plus de mérite, réside à Maroc. Je le vis dans cette ville. Après les salutations d'usage, je lui montrai mon baromètre, mon thermomètre et ma boussole. Il jeta un regard distrait sur les deux premiers instruments; mais d'un air de fin connaisseur, il prit aussitôt ma boussole et l'approcha de son oreille, l'agita un moment et resta dans le plus profond silence. Il me la rendit après quelques minutes, me disant qu'elle ne valait rien, elle ne sonnait pas. Il confondait le magnétisme et l'horlogerie.

Leurs connaissances historiques sont également des plus fantaisistes. Pas un ne sait la généalogie des Sultans ni les principaux événements du Maroc. Ils savent qu'il y a un pays qui s'appelle la France. Beaucoup ignorent si Paris est une ville ou un roi ; ils confondent pour la plupart la France et l'Algérie, croyant que les deux pays sont réunis ; mais un nom français qui est resté légendaire au Maroc, est le nom de Napoléon Ier, car il était, lui, l'expression de la force.

Un caïd me demanda un jour, dans le Tadla, si nous avions toujours comme sultan celui qui avait été à Moscou et en Espagne. Il avait oublié les divers changements de notre gouvernement depuis 1815, et je n'ai pas essayé d'ailleurs de lui en faire la nomenclature.

Ce sont pourtant les fils des Ebn-Khaldoun, des Edrisi, des Léon l'Africain. Ce sont toujours ces mêmes villes de Fez et de Maroc qui, au moyen âge, avaient des Universités célèbres où accouraient de toutes parts les étrangers de toute nationalité et de toute religion.

Les sultans de cette époque, Yusef Ebn-Tachfin, Yacoub El Manzour, se faisaient une gloire de protéger les sciences et les lettres; et entre deux victoires sur les infidèles ou sur les nègres, ils venaient discourir eux-mêmes avec les théologiens. Léon l'Africain parle de trente boutiques de libraires, alors qu'actuellement il n'y a pas trois atlas dans tout l'Empire. Ce peuple, livré au fatalisme de sa religion et à la domination inique et stupide des schériffs, s'est replié sur lui-même, s'est isolé des autres Puissances et s'est laissé aller à une inertie intellectuelle absolue.

La Mission Marocaine qui est venue en France l'été dernier, pour constater notre vitalité et voir les grands progrès modernes, sera-t-elle touchée de ce qu'elle aura vu et en fera-t-elle une description exacte au Sultan?

Il est à craindre que non. Car ne faut-il pas déjà être un peu civilisé pour comprendre les bénéfices de la civilisation, et ne faut-il pas avoir l'esprit déjà un peu éclairé pour bien voir? Il est peu probable que ces sauvages d'esprit aient vu notre pays sous ses véritables couleurs.

Les canons et les mouvements des corps d'armée les auront seuls impressionnés; mais ils se garderont bien d'ailleurs de raconter leurs impressions au Sultan, qui leur ferait payer cher leur audace de penser un instant qu'il y a sur la sphère terrestre un peuple plus civilisé, plus humain, plus puissant que le pays de Son Altesse Schériffienne.

Mais s'ils sortent parfois de leur paresse intellectuelle, c'est pour s'occuper du progrès de l'Islam; les Khouans de toutes confréries apportent du Caire les nouvelles des progrès du Mahdi, et l'affaire de Khartoum, embellie par le soleil d'Orient, grossie par le fanatisme, est sur toutes les bouches de ceux qui savent lire les gazettes. Le Mahdi est devenu l'espoir, en même temps que la consolation des vrais croyants qui rêvent encore le triomphe universel de l'Islam.

III

LES TRAVAUX PUBLICS.

Il y a un ministre préposé aux Travaux publics, et il n'y a pas de Travaux publics au Maroc : c'est bien de la logique musulmane. Je ne parle pas des routes qui sont de simples sentiers battus par les premiers venus, mais où jamais on ne s'est avisé d'envoyer un ouvrier quelconque pour régler les pentes ou enlever les rochers. La seule chose que les Arabes aient prise aux Romains, c'est l'idée des bornes, mais encore quelles bornes ! Des cadavres de chameaux ou de chevaux échelonnés tout le long du chemin qui servent à distinguer la route, et qui pendant l'été envoient au voyageur les odeurs les plus malsaines. Quant au passage des rivières, il se fait par bacs, à la nage, mais rarement sur un pont. J'ai eu à traverser toutes les grandes rivières du Maroc; on me disait que sur le Sebou il y avait un pont, que sur l'Omm El Rbiah il y en avait deux; j'arrivais et n'en voyais aucun; les ponts étaient toujours en amont.

Il est de fait que partout où il est facile d'établir un pont, qui, à la rigueur, ne serait pas indispensable, on l'établit; et aux passages où il serait nécessaire, on ne le fait pas à cause de la largeur et des difficultés de l'établissement. On est forcé parfois de rester cinq, six jours sur la berge, attendant que la crue ait cessé, et les audacieux qui essayent la traversée à la nage payent souvent de leur vie, l'économie de temps qu'ils veulent faire.

Il y a pourtant au Maroc une sorte d'École centrale et d'artillerie mêlée, qui a son siége à Mazaghan, dans l'ancien palais de l'Inquisition. Quelques vieillards y ont vu anciennement des cadavres encore dans la position du supplice; je n'y ai vu pour ma part que de pauvres cervelles torturées d'une façon bien plus horrible qu'autrefois, ce sont les têtes de ces malheureux jeunes gens auxquels on essaye d'apprendre les quatre règles.

Néanmoins un certain nombre d'ingénieurs de mérite, après de brillantes études en Europe, reviennent dans leur pays; mais à cause de leur instruction, ils sont éloignés des affaires, de peur qu'ils n'ouvrent les yeux au Sultan.

Tout travail d'utilité publique au Maroc est surtout et avant tout un travail d'utilité particulière, qui doit rapporter tant au Vizir, tant au préposé aux travaux, tant au caïd de la ville; lorsque chacun a pris sa part, il ne reste rien pour l'exécution du travail, et l'on s'en passe.

Pour les ports, on promet depuis dix ans d'autoriser l'exécution d'un brise-lames à

Casablanca : jusqu'à présent cela n'a été qu'un brise-lames imaginaire où sont venus échouer les bons vouloirs de toutes les Puissances.

Plusieurs Sociétés particulières anglaises ont demandé, à diverses reprises, de construire les ports de Tanger et de Casablanca à leurs frais, moyennant un droit sur les douanes. Toutes les propositions ont été refusées. Le meilleur port du Maroc, qui est Agadir, est fermé aux communications maritimes de crainte de voir les Européens pénétrer dans le Sous.

Il n'y a aucun môle, aucune bouée, et presque jamais le nombre de barcasses nécessaire aux opérations de déchargement. Il n'y a qu'un seul phare qui est au cap Spartel. Ce phare, qui a été parfaitement établi par un constructeur européen célèbre, est animé lui-même de cet esprit fantasque qui vit au Maroc. Il y a quelques années, n'ayant plus d'huile pour l'éclairage, l'ancien agent n'avait trouvé rien de mieux que d'y substituer des bougies.

Les anciens sultans du Maroc plus intelligents avaient commencé de beaux travaux; ce sont eux qui ont exécuté ces belles canalisations de Fez, de Maroc, de Rabat et Salé; qui ont construit ces portes de Rabat, de Mequinez, travaux d'architecture vraiment remarquables; qui ont élevé la tour d'Hassan et la Ktoubia, et ces travaux de fortifications de villes, sans importance pour l'époque actuelle, mais qui formaient autrefois des lignes de défense des plus sérieuses.

C'est qu'anciennement, ce même souffle qui poussait ce peuple vers les belles-lettres, vers l'agrandissement et les conquêtes, le poussait aussi à élever et à construire.

Aujourd'hui, les temps sont changés, la situation matérielle du Maroc actuel est bien celle du seizième siècle, mais en décomposition. Tout est vieux, suranné, et il faut le dire, pourri en grande partie ; on n'exécute aucun travail d'entretien ; encore quelques années, et tout le Maroc ne sera plus qu'une ruine.

IV

SYSTÈME FINANCIER AU MAROC.

Les impôts, qui ne seraient pas excessifs s'ils étaient levés justement, deviennent une ruine et une destruction par les abus auxquels ils donnent lieu.

L'impôt foncier est la dîme; le dixième d'une récolte est peu de chose. Mais il arrive souvent que l'Amin impose, non pas un dixième, mais les douze dixièmes.

Je me souviens dans l'Abda avoir vu des terres noires, qui sont certainement les plus belles terres du Maroc, absolument incultes, et les Arabes auxquels j'en demandais la raison me répondaient invariablement : « Nous cultivions autrefois, et la dîme nous a ruinés. L'Amin venait voir nos champs qui étaient superbes; il nous imposait quarante almulds de blé, alors que nous n'en avions au battage que trente, et nous étions forcés d'apporter ces trente almulds, à nos frais, au port d'embarquement, et de vendre nos bœufs pour payer le restant; depuis cette époque nous ne travaillons plus. » Et me montrant le ciel, ils ajoutaient : « Nous attendons des temps meilleurs. »

Ce qui se passe pour la dîme existe pour les autres impôts. Si l'on vend un beau cheval, le droit du Sultan est, en principe, de 5 pour 100 pour l'acheteur et autant pour le vendeur; mais le caïd le fait souvent voler impunément, ou sachant que le propriétaire en a touché le montant, il le fait mettre en prison jusqu'à ce qu'il ait vidé sa bourse.

L'exportation des céréales, blé et orge, est défendue pour les simples mortels; mais le Schériff pour se faire des revenus en exporte pour son compte, et il achète, à des prix dérisoires, le blé et l'orge du fellah qui est forcé de passer par sa volonté, sous peine de perdre le tout et d'être emprisonné.

Tout devient motif à exaction. Pour les fêtes religieuses, qui ont lieu trois fois par an, on a établi la coutume des cadeaux nationaux. Chaque ville, chaque bourgade, chaque douar doit contribuer aux envois faits à Son Altesse.

Le simple portefaix, qui gagne dix sous par jour, doit fournir quatre jours de solde. Le cultivateur doit fournir tant de sacs de semence, et ainsi de suite.

Il en est de même pour la Monna, pour le séjour des ambassadeurs dans les capitales. La nourriture est fournie, non pas par le Sultan, qui offre avec beaucoup de grandeur le pain et le sucre du pauvre, mais par la ville; et les meubles eux-mêmes, lits, tables, etc., sont fournis par tel ou tel quartier, sans que même une chaise soit prêtée par le Makhzen.

Le système administratif est à la hauteur du système financier. Aucun fonctionnaire n'est payé par le gouvernement ; les pachas, les caïds, les cheicks, non-seulement n'ont aucun appointement, mais ils sont forcés pour entrer en charge de payer au Vizir une assez forte somme. Ils se remboursent en volant impunément leurs administrés ; si quelque insensé a la sotte idée d'aller réclamer auprès du Sultan pour les exactions dont il a été la victime, on lui donne toujours tort, car le caïd a eu la délicate attention au préalable d'envoyer un cadeau au premier ministre qui met le plaignant en prison.

Les soldats sont payés quatre sous par jour, en temps de paix, et ont à se nourrir à leurs frais ; aussi ceux qui, parmi la milice, ont peu de scrupules emploient certains moyens détournés pour grossir leurs revenus. Plusieurs d'entre eux sont d'une habileté surprenante à enlever un enfant ou un cheval.

A Fez, quatre soldats avaient coupé en même temps la sangle de la selle d'un riche personnage qui allait à cheval à la Mosquée. Le cavalier s'était trouvé à terre sans secousse, sur sa selle, et n'osait bouger de peur qu'on ne la lui volât pendant que les quatre larrons étaient en fuite, emmenant avec eux le cheval.

Les habitants de Fez sont toujours sur le qui-vive quand le Sultan s'y trouve, à cause précisément des vols qui y sont commis à chaque instant par les gendarmes de l'endroit.

Tant d'abus, tant d'exactions de la part du gouvernement ont amené cette scission du Maroc en deux : les tribus berbères insoumises, qui vivent dans leurs montagnes, se gouvernant par elles-mêmes, ne payant aucun impôt et ne reconnaissant pas l'autorité du Sultan ; et les tribus arabes soumises des plaines, opprimées, avilies, et où la crainte a tué jusqu'à l'idée même de la résistance.

V

LA NOBLESSE RELIGIEUSE AU MAROC.

Entre le gouvernement proprement dit du Maroc et le fellah, à côté des caïds et des cheicks du Schériff, il se trouve au Maroc certains chefs de famille respectés de tous, qui doivent leur prestige et leur autorité à quelque ancêtre, proche parent du Prophète, ou célèbre par sa sainteté.

Ces chefs constituent une espèce de noblesse religieuse puissante, empruntant dans la religion même, qui est la base de leur crédit, une autorité énorme, qui souvent dans leur province est plus considérable que celle du Sultan lui-même.

Ces grands personnages sont souvent fort

redoutés du Sultan, auquel ils font ombrage, et qui craint toujours de voir en eux ou des prétendants à la couronne, ou des vassaux qui déclareront un jour ou l'autre leur indépendance.

Aussi le Makhzen cherche-t-il, tout en les ménageant extérieurement, pour ne pas froisser les sentiments de ses sujets, à détruire leur autorité et à leur enlever la prépondérance.

Le plus célèbre de tous ces personnages est le schériff d'Ouezzan, connu par son mariage avec une Anglaise. Il est le descendant le plus direct du Prophète et le chef de la confrérie religieuse des Taïbiens. Il a perdu aujourd'hui, dans le Maroc, depuis les derniers événements, une partie de son prestige.

Dans le Tadla, à Ben-Djade, se trouve un vieux personnage, Sidi Ben-Daoud, également très-influent, très-courtois et très-ami des Européens. Il a près de cent ans, mais conserve encore une mâle vigueur et ne voyage jamais sans son harem. Sa famille est fort nombreuse et fort considérée.

Lorsque le Sultan va dans le Tadla, c'est toujours sous la protection de Sidi Ben-Daoud qu'il marche, pour éviter d'être pillé.

Dans ces contrées infestées de brigands, on voyage en toute sécurité avec une lettre de Sidi Ben-Daoud; c'est ce que font les caravanes qui vont dans cette région pour faire du commerce.

De bien des endroits, de pieux fidèles accourent à Bou-Djade pour voir une dernière fois le patriarche, et lui apportent beaucoup de présents en argent ou en nature. On le dit possesseur d'une grande fortune.

Près du Sultan et faisant partie de son entourage, se trouvent les représentants de l'ancienne famille souveraine des Merenides, dits Sidi Mohammed-El-Mereni, qui ont gouverné le Maroc avant les Schériffs. Ils sont trois frères très-puissants, très-respectés dans les environs de Mequinez, et ils marchent toujours avec le Sultan.

Enfin, une des physionomies les plus curieuses de la chevalerie marocaine est celle de Sidi Hussin, le petit-fils de Sidi Monca, qui vit dans le Sous, à Tazelronalt, qui avait dans toute cette région une influence considérable et qui y a encore beaucoup d'autorité. Il a cherché à plusieurs reprises à rendre le Sous indépendant. Il a un nombre considérable d'esclaves, possède deux grands bordjs ou châteaux pour les loger, l'un consacré aux célibataires, l'autre aux ménages. Chacun a une chambre, où se trouvent une natte, une poire à poudre, un poignard et un fusil. Tous les matins il fait les distributions de vivres et de poudre à ce nombreux personnel et va à la moindre alerte guerroyer dans le lointain, avec quatre ou cinq cents hommes, sur tous les points où l'on fait parler la poudre.

Son hospitalité est célèbre, ainsi que sa

pipe qu'il fume quatorze heures par jour. Son favori est le porteur du tabac.

C'est sous sa haute protection qu'a lieu le marché annuel de Sous, la grande foire, dite El-Moggar, où viennent les marchands de Tombouctou, de Fez et de tous les coins de l'Empire.

C'est lui qui y administre la justice; il arrive, en rendant responsables tous les gens d'une province, à empêcher toute espèce de vol sur toutes les routes qui mènent au marché.

Cette figure caractéristique rappelle bien le type du baron du moyen âge.

VI

LES TITRES HONORIFIQUES AU MAROC.

Le Maroc n'a pas d'ordre national ; c'est une des moindres lacunes des institutions de ce puissant Empire.

Pour la combler, il y a quelques années, un Européen avisé avait engagé Moula Hacen à fonder l'ordre national et schériffien du Soleil couchant.

Il basait ses motifs sur l'histoire, et montrait que tous les grands empereurs avaient créé des ordres qui, répandus dans tous les coins du monde et dans toute la suite des siècles, avaient perpétué à jamais la mémoire de ces grands souverains.

Napoléon Ier avait établi la Légion d'honneur, Moula Hacen établirait le Soleil couchant qui éclairerait le restant du monde et laisserait bien loin derrière lui le Nicham, le Medjidié, et même le Lion et le Soleil de Perse, ordres fondés par des princes musulmans beaucoup moins puissants que le Schériff du Magreb.

Dans ce corps d'élite, où ne seraient admis que des gens payant et payant bien, tout le monde serait officier. Il n'y aurait qu'un commandeur, le Schériff en personne, qui serait à la fois commandeur des croyants et des officiers du Soleil couchant.

L'Européen se chargeait de la partie matérielle, de la réclame, et prenait en retour le monopole de la vente de cette marchandise honorifique, pour la somme de dix mille piastres par an, monopole bien supérieur à celui des tabacs et à celui des pantoufles.

Sur la médaille serait représentée en argent une sphère dont les trois quarts seraient couverts par l'Empire du Maroc, où le surplus servirait à représenter pêle-mêle tous les autres États, et où, en lettres d'or, la devise suivante serait apposée : *Le soleil ne se couche pas sur l'Empire des schériffs.*

Moula Hacen réfléchit un moment, tenté par ce gain assuré, que même un empereur du Maroc ne doit pas dédaigner; tenté également, il faut le dire à sa louange, par la gloire attachée à cette création, qui donnerait un nouveau lustre à son parasol; mais néanmoins, le sentiment de la crainte l'emporta sur tout autre, et il dit à l'Européen que les ordres fondés par ses cousins de Tunis, de Stamboul et de Téhéran avaient précisément attiré par trop l'attention du monde sur leurs États, et qu'en y gagnant un peu de gloire, ils avaient perdu beaucoup d'autorité; il préférait attendre, pour jeter ce nouvel éclat sur son règne, que son artillerie fût à la hauteur de l'artillerie française dont on lui avait dit du bien.

Le Schériff s'était prononcé, et depuis cette époque on ne parle plus du Soleil couchant; je crains fort que de longtemps encore il n'éclaire le reste du monde.

Pour se consoler, les Marocains prennent d'autres titres qui les élèvent au-dessus de l'humanité et leur donnent du prestige. Le moindre chef de douar se fait appeler cheick; le moindre cheick, caïd, et beaucoup de caïds signent pacha. Pour désigner un homme de condition, on dit le caïd un tel; il n'est pas plus caïd qu'autre chose, mais cette distinction le flatte et le dispose bien.

Vient ensuite la particule mauresque de hadj. Tous les pèlerins, de retour de la Mecque, ajoutent à leur nom le mot hadj; mais à côté des vrais pèlerins, il y a les pèlerins de rencontre qui, pour leurs affaires ou pour tout autre motif, où le ciel n'a à coup sûr rien à voir, vont jusqu'à Alger ou Tunis, vers l'Est, du côté de la Mecque, et de retour s'intitulent hadj également.

J'ai vu à Maroc un marchand d'esclaves très-puissant et très-estimé dans cette ville, où il y a six ans, alors qu'il était pauvre, on ne l'appelait que Ahmed-Ben-Ahmed. Ce nom honorable, à coup sûr, mais essentiellement plébéien, ne donnait que des renseignements assez vagues sur sa généalogie. Son petit commerce ayant réussi, étant allé lui-même vendre quelques négresses à Tlemcen, il a arrondi, agrandi et embelli ce nom bourgeois, et on ne l'appelle plus actuellement que Si-el-hadj-Ahmed-Ben-Ahmed-el-Bachir-Bou-Zitoun-Bel-Hamda-Mazid-el-Marakeuchi.

Que la hausse se maintienne encore quelques années sur la marchandise humaine, et il sera schériff.

Schériff, c'est-à-dire descendant du Prophète, c'est là le vrai titre de noblesse de tout bon Marocain. On n'arrive à cet insigne honneur que par la naissance ou par une distribution de piastres à d'habiles généalogistes.

Du reste, si tous les riches aspirent à devenir schériffs, il y a beaucoup de pauvres muletiers ou portefaix qui eux sont véritablement schériffs et ont du sang du Prophète dans les veines, ce qui leur donne toujours, à défaut de rentes, un peu de considération.

On s'explique ce nombre effrayant de schériffs au Maroc par la puissance prolifique de certains sultans.

Moule-Ismaël a eu huit cents garçons et cinq cents filles légitimes; aussi une bonne partie du Maroc compte-t-elle Moule-Ismaël parmi ses ancêtres. J'ai vu dans le Demnat, sur la Moulouia, dans le Doukala des arrière-petits-fils de Moule-Ismaël qui, malgré leur illustre origine, étaient forcés pour vivre de tailler des oliviers ou de conduire bravement la charrue.

Encore quelques années, quelques sultans vigoureux, et le Maroc en entier descendra du Prophète. Ce sera bien alors la terre de prédilection de l'Islam.

Les professions de choix sont celles qui ont pour objet un office quelconque à remplir auprès du Sultan. C'est ainsi que les préposés au thé, aux vivres, aux chevaux de Son Altesse, sont de grands personnages qui ne sont au-dessous que du gardien du Harem.

Toutes ces charges sont héréditaires, sauf cette dernière qui passe aux branches collatérales.

Ce qui touche au cheval anoblit et distingue. Les vétérinaires, les forgerons sont au Maroc, en général, des gens bien descendus, mais le sellier y est forcément gentilhomme.

VII

LES JUIFS.

Les Juifs sont répandus dans tout le Maroc, dans les villes comme dans les campagnes, et du fond du Demnat et du Sous jusqu'aux montagnes inaccessibles du Rif. Ils sont dans tous les villages et toutes les agglomérations importantes d'Arabes ou de Berbères, servant d'intermédiaires entre ce peuple surtout agriculteur et les ports du littoral.

Ce sont les vendeurs de sucre et de bougies; ce sont les banquiers à la petite semaine.

Leur nombre doit approcher de quatre cent mille.

Les Arabes croient qu'ils ne sont pas heureux aux endroits où ils n'ont pas de Juifs, et ils ne peuvent s'en passer.

Les Juifs peuvent aller partout dans le Drah, dans le Tafilet, dans le Grand Atlas, avec une certaine sécurité.

On ne sait pas encore bien leur origine, car en dehors des émigrations des Juifs d'Italie, des Pays-Bas, d'Espagne, du Portugal dans les treizième et quatorzième siècles, émigrations qui se sont portées principalement vers les villes du littoral et les deux ou trois grands centres de l'intérieur, une tradition rapporte qu'après la destruction de Jérusalem, une colonie juive est venue s'établir dans le Grand Atlas au milieu des populations idolâtres de l'époque.

Plusieurs Israélites m'ont dit, à l'appui de cette tradition, avoir vu dans le Sous, dans la région connue sous le nom de Tazelroualt à Ifran, des tombes avec des inscriptions en hébreu remontant à dix-sept ou dix-huit siècles.

D'après ce que j'ai vu et entendu dire, je crois que leur situation a beaucoup d'analogie, dans plusieurs localités, avec celle des Arabes eux-mêmes.

Ils sont comme eux, et peut-être moins qu'eux, à la merci de l'arbitraire et des exactions des gouverneurs. On parle de quelques Juifs assassinés, mais cite-t-on ces milliers d'Arabes, qui sont des hommes comme eux et comme nous, qui sont dépouillés et tués, et jetés dans les puits sans que personne s'avise de réclamer?

En général, les relations sont cordiales, et l'Arabe, tout en méprisant le Juif, s'en sert et le protége même quelquefois.

Dans les provinces indépendantes, dans l'Atlas, dans le Sous, chaque Juif a son protecteur parmi les Berbères, protecteur que l'on appelle el-kaci, et le kaci met son point d'honneur à défendre son protégé.

On a vu des Kabyles se faire des guerres acharnées dans le Sous, pour de mauvais traitements faits à un Juif d'un kaci puissant.

Cette protection est purement honorifique

et n'impose aucune contribution au protégé.

Cette institution, dernier reste du moyen âge, prouve bien que les sentiments généreux et chevaleresques ne sont pas complétement détruits dans les populations indépendantes du Schériff.

Le taux du prêt est toujours excessif, il est généralement du tiers de la valeur pour l'époque de la récolte, ce qui représente parfois le 120 pour 100. Aussi arrive-t-il, lorsque le personnage est puissant et qu'il se sent soutenu en haut lieu, qu'il refuse de payer, et pour se débarrasser des importunités de son créancier, il le fait mettre en prison pour longtemps.

A Fez, qui est la ville où se trouvent le plus de Juifs, au nombre de douze mille environ, l'alliance israélite universelle de Paris a établi, depuis un an, une école qui compte actuellement plus de soixante élèves. On ne peut qu'applaudir à cette innovation, et l'on est frappé de l'intelligence que témoignent ces enfants qui commencent à apprendre notre langue, la géographie, l'histoire, et sortent de cette profonde ignorance où sont encore plongés les Juifs de l'intérieur.

Le Juif de l'intérieur, autrefois très-opprimé, aujourd'hui encore méprisé, ignorant, fanatique, s'attachant surtout aux prescriptions extérieures de son culte, est en général intéressé, méfiant et quelquefois trompeur ; mais il constitue un élément vital, intelligent, qui, instruit, et sous un autre régime, avec la sécurité et les lumières de la civilisation, reprendrait au bout de plusieurs générations la confiance et la liberté d'esprit et d'action nécessaires au développement de sa race, en même temps que le dévouement à la nation qui le protégera.

On se marie de bonne heure au Maroc, peut-être même de trop bonne heure. J'ai vu à Mequinez deux jeunes mariés juifs qui avaient ensemble quatorze ans et 2 mèt. 20.

La petite femme, agée de six ans, me disait qu'elle serait arrière-grand'mère à vingt-cinq ans, et me montrant un vieux meuble de la cuisine, elle ajoutait qu'elle serait sous peu d'années comme lui.

VIII

LES ESCLAVES.

L'esclavage est encore en pleine vigueur au Maroc, et chaque année plus de deux mille noirs, hommes, femmes ou enfants, sont achetés à Tombouctou, pour quelques kilos de sel ou quelques mètres de cotonnades, et sont vendus sur les grands marchés de l'Oued-Noun, de Tazelroualt, de Taroudant et de Maroc, et de là sont répandus dans tout l'Empire de Son Altesse philanthropique.

Cette institution est profondément ancrée dans le pays et paraît toute naturelle. Ce n'est certainement pas que la condition de l'esclave soit malheureuse au Maroc. Il est traité comme un autre salarié, souvent mieux soigné et nourri, car le maître a tout avantage à conserver son bien intact. Mais ce mépris de l'homme, qui fait de l'un la chose de l'autre, ce commerce hideux de chair humaine, qui donne lieu dans la métropole noire à des guerres sans fin, dans le but de la vente des prisonniers, tout cela est révoltant, mais ne révolte assurément aucun Marocain.

A côté de ce commerce d'importation directe, qui se fait chaque année par deux ou plusieurs caravanes, il y a dans toutes les villes du Maroc une autre industrie clandestine qui ressemble fort à l'industrie des haras.

Quelques riches indigènes achètent des négresses qui, chaque année, pendant quinze ans, leur donnent des enfants qu'ils vendent vers l'âge de sept ans, une fois l'époque de la maladie terminée.

Cette industrie raisonnée et en chambre donne lieu aux plus grands bénéfices. Chaque

Arabe un peu aisé a une, deux ou plusieurs négresses et autant de nègres. La richesse d'ailleurs se mesure au nombre d'esclaves qu'il possède. Mais les régions où les esclaves sont en plus grande quantité sont le Drah et le Sous, à cause de leur proximité du Soudan.

La vente a lieu au grand jour à Maroc. C'est le jeudi principalement, à quatre heures de l'après-midi, dans un local spécial, que cette vente a lieu. Il y a le Sok El-Göma, le Sok El-Begra, les marchés au blé et aux vaches; il y a également le Sok El-Abid, le marché aux esclaves.

Je m'y rendis un soir, à l'heure fixée, et y trouvai déjà beaucoup d'amateurs qui se tenaient chacun dans des pièces ouvertes, sous des voûtes, faisant le tour du local; au milieu, un hall couvert où je m'assis pour assister à l'encan; le dellali, le crieur public, arrive tenant en main une jeune négresse portant sur le dos son nourrisson. Il annonce à haute voix que le prix minimum de la mère et du fils est de deux cents francs; il la pousse ensuite de chambre en chambre où chacun la découvre, lui tâte les poignets, lui regarde les yeux et les dents, et ajoute, après une inspection des plus détaillées, une, deux ou trois piastres; la vente s'anime, le dellali s'échauffe, enflammé lui aussi par l'espoir du gain qui suivra la vente. Il court plutôt qu'il ne marche, entraînant après lui la malheureuse, saisissant au vol l'augmentation de chacun; le prix monte et finit enfin, après une demi-heure, à se fixer au chiffre de quatre-vingts piastres, le double du minimum prescrit. Il s'avance alors triomphant vers moi, et me demande avec un certain air de doute s'il y a dans mon pays un vendeur d'esclaves comme lui.

Je suis sorti, écœuré du dellali et du gouvernement qui non-seulement tolère, mais encourage et protége ces ventes ou mutations qui forment un de ses bons revenus.

IX

FAMINES.

Un des plus terribles fléaux du Maroc est la famine, qui sévit à peu près périodiquement tous les huit ans et qui, dans ce pays du fatalisme et de l'imprévoyance, produit les ravages les plus incroyables.

Plus du tiers de l'empire est mort de faim dans la dernière famine de 1878. On me montrait à Saffi une rue que l'on appelle encore la rue de la Faim.

Là, tous les soirs, une cinquantaine de malheureux de la campagne, espérant encore trouver quelques ressources dans la ville, arrivaient pâles, exténués, se coucher sur les pierres qui recouvraient les silos pleins de blé, appartenant au gouvernement, sans murmurer, sans se plaindre. Ils attendaient la dernière heure, et le lendemain au matin quelques soldats venaient enlever ces corps, que l'on trouvait dans les dernières crispations de l'agonie, pour les porter au cimetière. C'est le seul service d'ailleurs que leur rendait le gourvernement. L'habitude était prise, personne ne s'avisait de murmurer. On se contentait de mourir.

Dans la province de Doukala, j'ai vu des douars entiers florissants autrefois, abandonnés aujourd'hui ; tous leurs habitants y étaient morts de faim.

Tout ce qu'on peut imaginer de plus navrant est encore au-dessous de la triste réalité, au dire des Européens témoins de ces désastres. On voyait dans les champs les femmes disputer aux moutons une maigre racine, le hierni, qui souvent leur donnait des inflammations mortelles. Bêtes et gens mouraient dans les mêmes proportions.

Il a fallu plus de cinq ans pour que l'élève du bétail reprît et que le commerce des laines retrouvât son importance d'autrefois. Hélas! il faut le dire, bien des gens se sont nourris de chair humaine, et j'ai vu dans le Sous le village de Aouara où deux femmes ont mangé leurs enfants.

La famine joue le rôle de régulateur de la population du Maroc; c'est là, au dire de l'entourage du Sultan, le bon côté de la chose, car la diminution des sujets entraîne une diminution de surveillance.

Malgré la mortalité annuelle énorme chez les enfants, la population totale du Maroc devrait grandir, car les familles y sont très-nombreuses, mais elle reste stationnaire, la famine enlevant tous les huit ans le quart, le tiers et quelquefois la moitié des Marocains.

Ces famines ont existé de tout temps. Tous les historiens arabes en font mention. S'il n'y a malheureusement aucun moyen d'en éviter les causes, c'est-à-dire les sécheresses périodiques qui les occasionnent, on pourrait tout au moins pallier leurs conséquences. Ce serait là le premier devoir du Schériff; mais les empereurs du Maroc ont autre chose à faire que de s'occuper de leurs sujets.

Le Sultan non-seulement n'a ordonné aucune distribution de grains dans les provinces atteintes par le fléau, non-seulement n'a pas enlevé les droits d'entrée de 10 pour 100 sur le blé, sur le riz, etc.; mais en outre il a imposé une nouvelle charge, en dispersant ses chevaux chez tous les caïds, avec ordre de les entretenir en bon état. Les caïds à leur tour ont cherché chez leurs administrés les magasins d'orge, et ces malheureux, plutôt que de donner leurs grains aux gouverneurs pour engraisser les troupeaux de Son Altesse, préféraient mourir au-dessus de leurs silos pleins. Personne n'a le courage de se plaindre.

En ces années de malheur, on voit sortir de terre de gros rats marrons que l'on ne voit qu'alors, et qui, eux, dans ce grand combat de la vie, plus courageux que les Arabes, osent s'attaquer, non sans succès, aux provisions de grains de Son Altesse. Ils servent à marquer l'année. Plusieurs Arabes, auxquels je demandais leur âge, m'ont répondu qu'ils étaient nés l'année des rats marrons.

X

LE THÉ ET LA MONNA.

Le thé est fort à la mode au Maroc, et, depuis le premier ministre jusqu'au dernier fellah, tout le monde boit cinq fois par jour les trois tasses réglementaires.

La première est une décoction de thé vert avec beaucoup de sucre; dans la seconde on ajoute de la menthe; dans la troisième rien, puis on recommence.

Tout ce qui touche au thé donne lieu à un commerce fort important dans le pays : les samowars, les plats de ruolz et les verres à thé sont sur la table de tous les riches.

On voit à Mogador des femmes arabes, laveuses de laine, gagnant cinq sous par jour et qui, tous les soirs, leur travail achevé, vont chez le Juif du coin acheter pour un sou et demi leur petite provision de thé et de sucre, se consolant ainsi des misères de ce monde par l'absorption de cette boisson hygiénique.

Ce n'est d'ailleurs pas tant au point de vue hygiénique qu'au point de vue de la distraction et du passe-temps qu'ils font cette consommation de thé. L'Arabe ne sait que faire de son temps; les heures lui sont longues. Aussi les fortunés mangent et boivent toute la journée, et les pauvres se contentent de boire.

A Alcazar, j'avais à voir le pacha du Rharb; je vais à neuf heures vers sa tente, on me dit d'attendre; Son Excellence déjeunait. Je reviens à onze heures, même réponse; seulement Son Excellence dînait; de peur de le trouver à souper à midi, j'enfreins la consigne, j'entre et trouve mon pacha mangeant assez peu proprement poulet et couscoussou. Je lui demandais combien de repas il faisait par jour : « Le plus possible, me dit-il en souriant, c'est autant de gagné sur la journée. »

La monna est une institution particulière au Maroc. Tous les voyageurs de distinction, ministres ou non, tous les membres du Makhzen, munis d'une lettre du Sultan, sont gratifiés le soir à leur arrivée au douar de la monna, qui est l'hospitalité officielle payée par le contribuable, bien entendu.

On vous apporte un mouton, un pain de sucre, une demi-livre de thé, 8 poules, 40 œufs, un paquet de bougies et charbon, huile à discrétion, sans compter les plats de couscoussou pour les domestiques. Tout cela sans aucune espèce de rétribution.

Les gens d'office peu scrupuleux font leur profit de cette abondance de biens. On raconte même qu'il y a quelque vingt ans, un consul général d'un empire asiatique, auquel son gouvernement servait un traitement des plus modiques, l'arrondissait par de nombreux voyages dans l'intérieur, faits dans le but d'études surtout économiques. On lui desservait une monna princière, et il revenait dans sa résidence avec des chargements de sucre et de bougies, qu'un intendant officieux faisait vendre au détail. Les Arabes de la ville n'appelaient plus la maison de ce fonctionnaire éclairé que du nom de Sok El-Chema, la foire aux chandelles.

Ce tribut qui est relativement peu important, quand il s'agit d'un voyageur, devient une vraie ruine quand ce voyageur est le Sultan lui-même, et que son escorte se compose du Makhzen en entier, de tous ses ministres et de son petit corps d'armée.

Ce passage, fort redouté des populations, donne lieu à des exactions incroyables dans toute la région de l'itinéraire suivi par Sa Majesté, région qui reste appauvrie pour longtemps.

Pour désigner un Rothschild au Maroc, on

dit de lui qu'il peut, à lui seul, fournir la monna du Sultan un seul jour; je dis un seul jour, car le lendemain le gouvernement, instruit des revenus du sujet, a la mauvaise habitude de s'en approprier le capital.

XI

LE DEREB JENOUN.

Je me trouvais à Mequinez à la fin d'août. Mon cuisinier me demanda si je voulais me faire une idée de la représentation du Dereb Jenoun, sa sœur étant sorcière de profession, il se chargeait de me faciliter l'audition du spectacle.

J'y consentis, et le vendredi soir, à la nuit tombante, je me rendis du côté de la kobla de Sidi Ahmed Ben Aïssa, le fondateur des Aïssaoua, près d'une maison à un étage de pauvre apparence.

Le Dereb Jenoun est l'expulsion du mauvais génie qui se trouve quelquefois chez les hommes, le plus souvent chez les femmes.

Ce travail ne s'opère qu'après beaucoup de cérémonies et de fatigues.

Tous les vendredis soir, les possédées de diverses espèces, les hystériques de tous les genres se rendent au Dereb Jenoun, qui est la médecine à la mode chez les musulmanes.

J'attendais avec impatience l'arrivée des malheureuses, regardant avec émotion ces vieux pans de murs bâtis par Moula Ismaïl avec des corps humains, et où chaque orage découvre de nouveaux ossements.

La sorcière était déjà à son poste, dans une grande pièce du premier étage; elle allumait toutes les bougies rouges dispersées sur trois côtés de la salle; près de la fenêtre se trouvaient deux sofas.

Je vois d'abord arriver à pas lents deux vieillards porteurs, l'un de la derbouka, l'autre du canoun : c'était l'orchestre. Ils étaient aveugles. Puis viennent trois femmes encore jeunes, superbement vêtues, qui se dirigent rapidement vers l'escalier.

L'une venait de perdre son enfant; la seconde avait le bered, c'est-à-dire une maladie de poitrine; la troisième enfin, mariée depuis trois ans, n'était pas encore enceinte. Tous les mauvais génies, causes de ces infortunes, allaient être expulsés de force.

Les musiciens aveugles prennent place, et commencent une mélodie sauvage; la sorcière brûle de l'encens et des herbes sèches, puis agite les bras et pousse ces exclamations : Allah! Allah!

Alors les trois femmes se lèvent, s'arrachent brusquement tous leurs vêtements et les projettent sur les murailles; elles se déchirent les seins, ramènent successivement leurs longs cheveux d'avant en arrière, et commencent affolées à courir par toute la maison, poursuivant leur mauvais génie persécuteur. Épuisées, elles venaient se reposer un instant sur les sofas, puis, à l'instigation de la sorcière, reprenaient leur course folle et leurs mouvements saccadés : pendant plus de quatre heures, elles ont frappé les Djenoun.

Il ne m'arrivait en bas qu'un mélange de cris et de hurlements infernaux, qu'une odeur d'encens, et des bruits de pas précipités.

Mon domestique m'a affirmé qu'il y a deux siècles, une veuve inconsolable était venue au Dereb Jenoun, et que, folle de désespoir, elle avait fini par se jeter dans le puits qu'il m'a montré au milieu de la cour.

On a conservé fidèlement la mémoire de cette pauvre veuve qui a donné aux veuves à venir ce rare exemple de fidélité et d'attachement.

Cet exemple n'a d'ailleurs jamais été suivi ; car la perte d'un mari n'est pas irréparable... chez les femmes marocaines.

XII

LA FANTASIA.

La fantasia est encore bien vivante au Maroc, tout y donne lieu : marchés, naissances, mariages, enterrements, sont autant de circonstances où l'on exécute la fantasia, qui est à la fois le théâtre, la distraction et la consolation du Marocain.

Sans dame et sans couleur on se précipite dans la plaine, sur un cheval doux et dressé à cet exercice, pour lequel on choisit toujours un terrain facile. On fait parler la poudre, menaçant un ennemi imaginaire qui, fort heureusement pour le cavalier, ne se présente pas, et l'on revient au bout de quelques minutes, la tête haute et le cœur satisfait d'avoir vaincu sans combat.

A côté de ce cirque en plein air, à l'usage arabe, souvenir travesti des tournois du moyen âge, il y a dans l'esprit marocain beaucoup de fantasia.

Ces hommes essentiellement pontifes ne sortent des réalités brutales de la vie que par la porte d'une imagination en délire, où tout est agrandi, amplifié et dénaturé. Le merveilleux est alors partout, la science ou les procédés scientifiques sont sans valeur; la raison est sans force, et l'on fait entrer les Djenoun dans bien des faits où leur présence est souvent fort inutile.

Chez les peuples civilisés l'homme pense quelquefois par lui-même, la femme pense toujours par l'objet aimé.

Le Marocain, lui, ne pense ni par lui-même ni par un autre, et vit heureux de cette vie animale qui est un intermédiaire entre la vie du mulet et celle de l'homme raisonnable, traversant d'un pas toujours égal ce monde qu'il ne fait qu'effleurer, et dont il n'aura vu que la lettre, sans jamais en apercevoir l'esprit.

Une des premières obligations au Makhzen est de ne jamais penser; quand on peut rester cinq heures dans une antichambre à ne rien faire et sans penser à rien, on est mûr pour le Makhzen. Quand on peut rester cinq ans dans cette situation, on a fait sa fortune, et cette immolation de soi-même, qui serait insupportable pour quelques-uns, paraît toute naturelle à l'employé marocain qui garde pour une vie meilleure son initiative et l'exercice de ses facultés intellectuelles.

Rien au Maroc n'est complet et à sa place. On voit dans les plus beaux palais, à côté d'un carrelage en mosaïques magnifiquement travaillé, des portes vermoulues, ou une toiture sur le point de s'écrouler.

L'ameublement est à peu près nul; les riches Marocains meublent leurs appartements de tapis et de pendules; les idées de chaises, de tables ou de lits n'ont jamais pu se faire jour chez eux.

Que dirais-je de leur façon de manger! Le Sultan lui-même mange avec les doigts, prétendant que c'est *achouma,* c'est-à-dire peu orthodoxe, de se servir des fourchettes qui ont été inventées par ces chiens de chrétiens et qu'il est bien plus moral de n'user que de la fourchette de notre premier père.

Quand il se fait conduire en voiture dans les rues de Mequinez, dans le superbe carrosse que lui a donné la reine Victoria, le cocher est toujours à pied, car il n'est permis à personne, pas même à un cocher, d'être placé plus haut que l'Empereur. C'est pour cette raison qu'il couche toujours sous les toits, laissant le premier étage à ses domestiques.

J'ai vu à Mazaghan, dans la Douane, un pont en fer à treillis que le Sultan, Sidi Mohammed, avait commandé pour l'Oued-Omm-el-Rbiah; jamais personne du gouvernement marocain n'a pensé que l'on pourrait se servir de ce pont pour traverser une rivière.

A Maroc, Moula Hacen en 1878 a dépensé des sommes considérables pour installer une sucrerie, où actuellement on tanne les cuirs. On a utilisé pour la cuisson des briques un magnifique four qui avait été établi pour fondre les minerais d'argent.

Enfin la fantasia est aussi dans l'armement. On voit au Maroc des canons partout, au milieu des champs, dans les fossés, rarement dans les forts, et dans ce dernier cas ils regardent la ville.

XIII

LES RUINES PORTUGAISES.

Les Portugais pendant trois siècles, de 1468 à 1769, ont eu des établissements assez importants sur la côte du Maroc, sur l'Océan, et ont témoigné dans le choix de leurs centres d'occupation et dans leur mode de construction un rare esprit de clairvoyance et de perspicacité.

En 1520, ils occupaient à peu près tout le littoral, depuis Arzila jusqu'au cap Guer, et avaient pour tributaires toutes les provinces de l'Océan.

Conservant les points importants, tels que Saffi, Azémour, La Mamora, aujourd'hui Mehedia, Anfa, aujourd'hui Casablanca,

Arzila, ils découvrent de nouveaux ports, tels que Agadir, Mogador, Mazaghan, qui seront un jour les meilleurs ports du Maroc; y fondent des bordjs parfaitement établis, avec des matériaux apportés tout préparés de Lisbonne, et ils arrivent, par exemple, à l'embouchure de la Tensift, à y élever un château, appelé aujourd'hui Soneïra Quedime, en quelques jours, au grand étonnement des Arabes qui croient voir la construction sortir de terre par enchantement.

Ils font à Fonti, au pied d'Agadir, un travail pour la captation d'une source, travail digne des Romains.

Enfin partout où ils ont passé, ils se sont attachés aux points pratiques, débouchés commerciaux ou centres stratégiques, ont rendu tributaires les populations voisines qui leur fournissaient ce que doit fournir une bonne colonie, des hommes et de l'argent, et y élevaient des travaux de fortification ou d'utilité publique fort intéressants.

Partout dans le Maroc, c'est le terme *Beni mta El-Portugais* qui sert à signaler une ruine. Dès qu'il y a une pierre un peu originale, c'est une pierre portugaise.

Il est regrettable que l'attrait des Indes orientales les ait éloignés du Maroc, qu'ils ont perdu de vue; car ils avaient parfaitement compris le parti à tirer du littoral océanien et ont montré dans le choix de leurs emplacements un coup d'œil qui est tout à leur louange.

XIV

LES DIEUX DU MAROC.

Tout bon Marocain a deux cultes, qui sont la crainte et la piastre. On craint du haut au bas de l'échelle. Le fellah craint le caïd, qui craint le vizir, qui à son tour craint le Sultan. Le Sultan craint d'être détrôné par l'intérieur ou par l'extérieur.

Ce sentiment tyrannise d'une façon incroyable ces pauvres imaginations, qui craignent n'importe où et n'importe quoi, mais qui craignent toujours quelque chose.

Ce qui indique d'ailleurs la seule façon de dominer ces esprits affaiblis, qu'un regard fixe fait trembler, et qui au contraire au moindre égard qu'on a pour eux vous regardent d'un œil de mépris. Philanthropie est ici synonyme de faiblesse et d'impuissance.

La piastre se partage également les cœurs des habitants du Magreb. On thésaurise le plus possible, sans penser à utiliser d'une façon intelligente le fruit des économies ou des déprédations. On enfouit bien loin et bien bas les écus, craignant toujours que le voisin ne s'en empare.

C'est bien là leur seul fanatisme, et il s'agit seulement d'y mettre le prix pour obtenir ce que l'on désire. Ce que l'on ne fait pas avec cent francs, on le fait avec mille, mais personne ne résiste à cet argument brillant. On ne demande qu'à se laisser persuader et convaincre le plus possible.

Une divinité que l'on vénère également au Maroc, sans la connaître, c'est la République.

Jamais un Marocain n'a pu comprendre ce que c'était que ce mode de gouvernement, mais il a pour elle une sainte admiration.

Le caïd de Salé me demandait un jour des renseignements sur le Sultan République. Je lui répliquai que la République n'était pas un sultan, que c'était le gouvernement des peuples éclairés, que dans ce gouvernement le Sénat et la Chambre élus par la nation formaient les deux plateaux d'une balance dont le président était quelquefois le fléau, et que tout cet appareil oscillait autour d'un couteau qui était le suffrage universel. Émerveillé, il me dit : « C'est bien beau; mais où est le Sultan là dedans? »

Je n'ai plus continué ce chapitre avec lui et n'ai plus essayé désormais d'expliquer aux Arabes ce que c'était que le gouvernement des sages.

Bien m'en a pris. Le 14 juillet, j'étais à Mogador, chez notre aimable consul, M. Lacoste, qui recevait ce jour-là, avec une parfaite courtoisie, notre petite colonie.

En premier lieu, arrive à six heures du

matin le fidèle Strahim, janissaire du Consulat depuis le bombardement de la ville, qui vient à nous avec son grand sabre et son plus fin burnous, et en serrant la main à notre consul, il lui dit avec conviction : « Bonne république! » comme il lui aurait dit au jour de l'an : « Bonne année. »

XV

LA PLUS BELLE CLOCHE DU MAROC.

A mon arrivée à Maroc, je fus frappé de la voix du muezzin de la Ketoubia, voix qui m'arrivait au jardin aux heures de la prière.

Je fis venir le muezzin, et tout en fumant des cigarettes et buvant du café, j'eus avec lui le colloque suivant :

Moi. — Aia Krouïa, Aia mon frère, que fais-tu ? Quelle est ta profession ?

Le muezzin. — Je suis le muezzin de la Ketoubia, cinq fois par jour j'invite les fidèles à la prière.

Depuis le sultan Moule Ismaël (que Dieu l'élève et le glorifie!), nous nous succédons de père en fils, et nous sommes réputés dans tout l'occident. Malgré les orages et les tonnerres, ma voix s'entend partout; depuis la porte des Juifs jusqu'au marché des tanneurs, le souffle de Abdallah Ben-Nacer arrive encore vigoureux.

Les sultans ont concédé à ma race à perpétuité les revenus de cent oliviers situés près de la porte du Doukala; ce qui me donne les années pluvieuses un traitement de dix francs par mois. Avec cela je suis content. Mon fils Ahmed prendra un jour ma place, quand je partirai pour le paradis de Mahomet. Ahmed a de la méthode, il est sérieux, il vient avec moi chaque jour et m'écoute en silence; sa poitrine se développe, et dans quelque temps son cœur sera apte à remplir mes fonctions.

Moi. — Quand sur les hauteurs je te vois pensif, les yeux plongés dans l'infini du ciel bleu, regardes-tu cette forêt de palmiers qui entourent la ville? Vois-tu ces cimes neigeuses de l'Atlas qui se dessinent dans le lointain? Penses-tu au sens des belles paroles que tu prononces?

Le muezzin. — Je ne pense absolument à rien, je ne vois que du noir, car j'ai un gros faible pour les négresses. Ce faible me tuera avant l'heure. J'économise pour en acheter une nouvelle, Fathma à la croupe puissante, qui réchauffera ma vieillesse, et me fera attendre avec patience l'heure écrite par Allah où j'irai dans ce jardin verdoyant, où les sources ne tarissent pas, où les arbres sont toujours verts et les blés toujours dorés.

Il me quitta après ces paroles, et je l'entendis murmurer en partant ce verset du Coran : « Ce que j'aime le plus au monde, ce sont les femmes et les parfums; mais ce qui réconforte le plus l'âme, c'est la prière. »

Je revins quelques mois après à Maroc et fus fort étonné de ne plus entendre la voix d'Abdallah, une autre moins forte lui avait succédé, c'était celle de son fils Ahmed.

On me dit qu'Abdallah était dans un monde meilleur, la plus belle cloche du Maroc ne sonnait plus, le muezzin de la Ketoubia était mort, il avait trop broyé de noir...

XVI

OU JE DEVIENS MÉDECIN.

Tout Européen en voyage au Maroc est appelé à remplir bien des fonctions, auxquelles certainement il ne peut s'attendre, et qui supposent, à défaut de diplômes, bien des connaissances et du bon sens.

On vous suppose à la fois consul, négociant, horloger, vétérinaire, médecin, ingénieur. Il faut qu'on sache dire les propriétés de toutes les plantes, reconnaître dans les minerais l'existence de l'or ou de l'argent; il faut que l'on connaisse le cours des fèves et des blés, que l'on sache soigner un chameau, faire marcher une vieille montre et surtout remonter la grande pendule humaine.

Dans mon voyage, c'était toujours sous le titre de Thébib (médecin) que j'étais connu, et à mon arrivée au village, à peine les tentes étaient-elles montées que tous les malades ou infirmes de la tribu, hommes, femmes, enfants, venaient de bien loin prendre sur ma table le spécifique unique qui guérit tous les maux.

J'ai vu pendant six mois toutes les plaies physiques du Marocain. Depuis la lèpre concentrée, surtout à Maroc dans un quartier spécial où les lépreux vivent ensemble et se marient entre eux, jusqu'à l'éléphantiasis, maladie répandue dans tout l'Empire, en passant par les rhumatismes, les affections pulmonaires, la teigne, la syphilis, la gale, les maladies de la moelle épinière, les ulcères de toutes sortes; j'ai vu des échantillons de toutes les maladies nommées et sans nom.

L'anatomie leur étant interdite par la religion, ils n'ont aucune idée de l'intérieur du corps humain, de la circulation du sang, du système nerveux. Ils confondent tous le poumon, le cœur et l'estomac. Pour eux ces trois organes sont communément appelés *kalb*, cœur.

Bien des malades m'arrivaient prétendant avoir leur cœur attaqué et qui n'avaient, en réalité, besoin que d'un peu d'huile de ricin pour guérir.

Deux grandes maladies existent pour eux et les résument toutes : le *bared*, le froid, et le *dour*, sorte de tournoiement.

Sans embarras et sans trouble, néanmoins avec un certain apparat, je recevais tout ce petit monde et le remettais d'aplomb par de sages conseils et par quelques ordonnances indéchiffrables où j'écrivais de mémoire toutes les réactions de chimie organique que je me rappelais de l'école.

Toutes les femmes qui étaient riches en graisse et en poids, ou qui avaient encore un peu de fraîcheur, venaient avec leur père, leur frère et leur mari, gentilshommes en général des plus malintentionnés.

Les maigres et les vieilles n'avaient jamais de famille ; elles venaient avec une simple escorte de rides ou de laideur qui les rendait inattaquables.

Les teigneux, les galeux, les aveugles venaient également, et je donnais à tous des remèdes appropriés.

Ils s'en allaient contents et parfois guéris. Du cognac aux hommes, du séné aux femmes, du goudron pour la poitrine, des collyres pour les yeux, de l'aloès pour l'estomac, et de bonnes paroles à tous, avec quelques ordonnances algébriques, et peu à peu ma tente se transformait en cour des miracles.

J'ai la satisfaction bien douce, pour un docteur d'occasion comme moi, de n'avoir tué personne et d'avoir au contraire fait quelquefois du bien. L'Arabe est bon malade : si on le guérit, il vous en attribue le mérite ; s'il meurt, on dit que c'était écrit, et par conséquent on opère à coup sûr.

Les cas les plus curieux étaient chez les Beni Meskin, près de l'Oued Omm El-Rabiah. Là, tous les hommes sont atteints d'une maladie qu'ils appellent le « froid argileux ». Un instinct irrésistible les pousse à joindre de la terre à tout ce qu'ils mangent. Cette terre qui ferait d'excellentes briques, empâte leurs estomacs et leurs intestins au dernier degré, porte des dommages considérables à l'économie et leur donne des figures de l'autre monde. Je leur ai donné un sel de magnésie très-amer, les conjurant de joindre cette poudre à chaque parcelle de terre qu'ils absorberaient, afin de les dégoûter à la fois de la terre et de la magnésie. J'ignore s'ils en auront usé.

Le médecin ne prenait pas d'argent, mais le voyageur acceptait les œufs et les poules. Ma basse-cour prenait des proportions considérables, et si j'étais resté encore quelques mois avec mes malades, j'aurais pu réaliser pour toute une province ce vœu si cher au roi Henri, celui de la poule au pot.

XVII

UN PAYS DE COCAGNE.

Vie à bon marché, bon air, climat toujours égal, ville propre et rues bien tracées, belle nature, tous ces éléments de bonheur se trouvent réunis à Mogador, et feront un jour de ce port une station hivernale qui pourra rivaliser avec Madère.

La douceur du climat atteint à Mogador son maximum. Pendant les quinze jours que j'y ai passés, au mois de juin, la température à trois heures de l'après-midi, en plein soleil, ne dépassait pas 21°. Les mois suivants, d'après les statistiques, elle ne s'élève pas au-dessus de 25°. En hiver, le minimum ne descend pas au-dessous de 12°.

Cette constance parfaite de température

est due à la régularité des vents de nord-est qui y soufflent l'été constamment.

Excellente pour un malade, cette invariable uniformité est, je crois, mauvaise pour une bonne constitution. Quand on voit constamment cette température de 23° au plus fort de la canicule, qu'on jouit, au moment de la tombée des neiges dans les autres pays, d'un soleil toujours printanier, on finit par être exaspéré, on soupire après la glace ou le siroco, après 40° de froid ou de chaud, mais on demande un changement, ce qui prouve que l'homme vit de contraste.

Mais un avantage de Mogador, agréable à tout le monde, même aux vizirs, est le bon marché des vivres et de la main-d'œuvre.

Un ami m'offrit un déjeuner dans cette ville, où le menu comprenait une superbe langouste, un lièvre et deux perdreaux ; le tout aurait coûté trente-cinq francs à Paris, il y en avait pour quatorze sous.

Tout est dans ces proportions ; le blé valant cinq francs le quintal, un mouton coûtant cinq francs, je laisse à penser le prix du pain et de la viande.

La nourriture de mon personnel, trois hommes et quatre bêtes, me revenait à deux francs par jour.

J'ai pris quelques budgets mensuels de familles indigènes à Mogador. Une d'entre elles, composée du père ouvrier cordonnier, de la mère nettoyeuse de grains, de trois garçons et de trois ou quatre filles (le père n'a jamais pu me dire au juste le nombre de ses filles), dépensait dix-neuf francs par mois, tout compris : nourriture, logement, habillement, café, dépenses extraordinaires, amortissement du mobilier, etc.; et comme les recettes totales arrivaient au chiffre de vingt-quatre francs, il y avait un excédant de cinq francs qui, accumulé pendant plusieurs années, permettra un jour à cette famille laborieuse de s'adjoindre un magnifique chameau.

Si l'on ajoute à tout cela que Mogador est une ville parfaitement établie, construite de toutes pièces avec de grandes artères, des égouts et un aqueduc, on verra bien que c'est un vrai pays de cocagne pour les petits rentiers.

XVIII

LE SORE.

Il y a des degrés dans l'affection, il y en a également dans la haine. Le sore en est une preuve.

Le sore est une confiture fabriquée avec beaucoup d'art par les pharmaciennes du Maroc. Elles ajoutent à du miel toutes les mauvaises herbes de la Saint-Jean avec un peu de poudre d'os de crâne de femme.

Cet amalgame bien apprêté forme un tout des plus agréables à l'œil et des meilleurs pour le goût, en même temps qu'un poison des plus subtils. Suivant la proportion de miel, d'herbes ou de poudre, on obtient les trois effets suivants : l'énervement, l'hébétement ou la mort. Et suivant le but à poursuivre, la femme donne à l'infortuné mari la pâte n° 1, n° 2 ou n° 3, et elle se paye alors l'horrible satisfaction de voir un mari plus que gai, idiot ou de ne plus le voir du tout.

Cela s'appelle jeter le sore, et généralement on ne le jette qu'une fois.

En me promenant dans ces rues étroites et voûtées de Fez, où l'on ne voit que peu de portes et pas du tout de fenêtres, je réfléchissais aux multitudes de drames qui se passent journellement dans ces intérieurs, où l'absence complète de sens moral et le fatalisme donnent lieu à tant de crimes et de disparitions dont personne ne s'occupe, et qui restent toujours inconnus.

Il serait à désirer, dans l'intérêt de la morale, qu'un chimiste fût attaché au service des cimetières; assurément sa position ne serait pas une sinécure, et il pourrait à loisir faire des études fort intéressantes sur l'influence du sore sur les destinées.

J'ai dit que c'était avec le sore que les

femmes se débarrassaient de leurs maris; mais question de variété, ce n'est pas avec le sore que les maris au Maroc se débarrassent de leurs femmes.

Pour arriver à cette fin, deux méthodes principales, expéditives et naturelles, sont en vigueur. La première repose sur ce principe connu, que la femme reste en extase devant une manifestation quelconque de la force; aussi les maris profitent-ils de cette donnée pour serrer le cou d'une de leurs mauvaises moitiés avec un peu trop d'effusion; la femme d'abord étonnée est promptement ravie, puis morte. Ce procédé de strangulation, connu depuis longtemps, rivalise avec celui du poignard droit et court plongé dans le ventricule gauche du cœur. Ces deux procédés amènent en peu d'instants la séparation de l'âme d'avec le corps.

Si les Arabes ne se servent pas des fenêtres pour y faire passer leurs femmes, c'est qu'elles sont grillées.

Enfin trop tristes de leur nature, ils ne peuvent s'imaginer que l'on finisse par mourir de rire; aussi la méthode de... l'achèvement par des chatouillements répétés sur la plante des pieds d'une façon lente et continue n'est-elle pas entrée dans les mœurs.

XIX

MOULA-YACOUB.

Moula-Yacoub! Bered ou Sekroun! Maître Jacques! froid et chaud! C'est le cri que l'on entend aux eaux thermales de Moula-Yacoub. Quand plongé dans la piscine, le malade se met sous le jet d'eau chaude, il doit prononcer ces paroles, s'il veut être guéri.

Il y a en effet au Maroc une source thermale célèbre, une source thermale... chaude, comme me disait un Gascon égaré dans le pays, et cette source dite de Moula-Yacoub est renommée dans tout l'Empire par ses cures merveilleuses.

Elle tire son nom d'un sultan, Mérénide-Yacoub-el-Mansour, qui régnait au Maroc vers le douzième siècle, et qui a fait dans cet endroit quelques travaux d'utilité publique qui ont gardé son nom.

Les eaux de Moula-Yacoub se trouvent à une quinzaine de kilomètres au sud de Fez, au pied d'une colline tout argile, sans arbres et sans pierres, couronnée par une kobba blanche où a été enterrée vivante la propre fille de Moula-Yacoub, Lalla-Chefia. On y vient de toutes parts pour se guérir des maladies qui peuvent être guéries.

Moula-Yacoub est le Vichy de l'endroit, sans casino ni cocottes. L'établissement est plus que modeste; il se compose de deux grandes piscines, l'une à ciel ouvert pour les hommes, la seconde couverte pour les femmes. Un canal en bois amène les eaux dans la première piscine qui communique avec l'autre.

Ces eaux sont sulfureuses, d'une couleur verdâtre, à la température de 50°, et tombent d'une hauteur de six mètres environ sur les épaules et les reins du patient qui, pour pouvoir y rester quelques secondes, cherche à s'étourdir en criant de son mieux les paroles que j'ai citées plus haut : Moula-Yacoub! Bered ou Sekroun!

Il y a, jour et nuit, à chaque instant, quelqu'un sous ce jet, et jour et nuit les échos de la montagne redisent au passant le nom de ce sultan philanthrope. C'est, il faut l'avouer, une réclame intelligente à l'usage de la philanthropie. On élève en France des statues aux grands hommes, statues que personne ne regarde, pourquoi n'emploierait-on pas le procédé en usage à Moula-Yacoub, qui consisterait à faire proclamer à chaque instant, par un crieur public, sur la tombe du défunt, les vertus civiques ou autres du grand homme? On serait ainsi forcé d'entendre le nom du héros. Mais du même coup le Père-Lachaise deviendrait inabordable.

Si Moula-Yacoub est intéressante pour un moraliste, elle le serait également pour un peintre, qui aurait l'occasion d'y voir, en chair et en os, toutes les couleurs de l'arc-en-ciel, depuis le blanc mat du Maure andalou de Fez, jusqu'au noir d'ébène du nègre de Sakara, en passant par toutes les teintes intermédiaires.

Toutes les provinces de l'Empire envoient à Moula-Yacoub leurs sujets gravement atteints.

Ces eaux doivent à leur température et aux matières dissoutes, principalement au soufre, des propriétés très-actives, qui leur donneront un jour de la célébrité en Europe, quand il y aura au Maroc des communications faciles et de la sécurité. Car pour le moment l'entrée en est absolument interdite aux chrétiens.

On peut y étudier un côté bien intéressant des mœurs musulmanes. La piscine est ouverte à tous, riches ou pauvres, indistinctement et également. On ne fait payer personne, et il n'y a ni monopole ni affermage qui puisse occasionner au malade un allégement de sa bourse. Les eaux sont du domaine public, dans le vrai sens du mot. Il y a toujours aux abords de la piscine deux marabouts qui se promènent en chantant les louanges de Dieu et en invitant le riche à donner quelques sous au pauvre. Aussi les malheureux qui se rendent à Moula-Yacoub ne s'inquiètent pas des moyens de subsistance, sachant que de plus fortunés leur donneront leur superflu qui les fera vivre.

Ces eaux sont particulièrement bonnes pour les maladies syphilitiques, les maladies de foie, les rhumatismes, les ulcères. J'ai vu des malades au départ et à leur retour, et j'ai pu constater l'efficacité du remède.

Si l'entrée de Moula-Yacoub est interdite aux chrétiens, elle ne l'est pas aux puces. Je ne sais pourquoi ces insectes s'y donnent rendez-vous. Toujours est-il qu'ils sont nombreux, unis, terribles, ne rêvant que plaies et bosses et ne faisant grâce à personne de leurs redoutables assiduités.

XX

LE REKAS.

Petit, maigre, alerte, Ibrahim-Ben-Resal (Ibrahim, fils de la Gazelle) est le grand rekas, c'est-à-dire le courrier du Maroc. Il fait régulièrement le service entre Tanger et Fez, distance d'environ deux cents kilomètres qu'il parcourt en quatre jours.

Il n'y a au Maroc ni diligences, ni voitures; il n'y a pas non plus le moindre poteau télégraphique. Le câble qui doit unir Gibraltar à Tanger, c'est-à-dire le Maroc à l'Europe, n'est pas encore posé. Les savants prétendent que c'est le courant qui rend la pose du câble dans le détroit fort difficile. Je crois plutôt que les difficultés proviennent du gouvernement marocain, qui trouve que les communications se font assez vite par bateau à vapeur et qu'il est inutile de les accélérer par la télégraphie électrique.

Toutes les nouvelles dans l'intérieur du pays sont donc apportées par les rekas, cumulant à la fois les fonctions des employés des postes et des télégraphes.

Les rekas forment une corporation, dont le chef joue, en plus petit, le rôle de ministre des postes; mais ses appointements laissant à désirer, quand le service ne marche pas, il en est réduit à travailler comme portefaix.

Les rekas vont indifféremment de Tanger à Fez, de Fez à Rabat, de Rabat à Mogador, de Mogador à Maroc. Ces courriers sont d'intrépides marcheurs, ils peuvent aller dix jours de suite avec une vitesse de cinquante kilomètres par jour. Ils font même à certains moments de vrais tours de force, et l'on cite un courrier qui, lors de complications diplomatiques, parti le vendredi à midi de

Tanger, a été de retour de Fez à Tanger le lundi matin à midi. Il a ainsi parcouru quatre cents kilomètres en trois jours. Cette course lui a été payée cent cinquante francs.

Il m'a raconté qu'à son arrivée à Tanger, après avoir apporté au ministre la réponse du makhzen et après avoir touché la somme convenue, il a été se coucher et a dormi trente-six heures de suite, après quoi il a absorbé, pendant deux heures, cinq plats de couscoussou et vingt verres de thé. Il aurait été prêt à recommencer, rêvant sans doute de nouvelles complications diplomatiques.

XXI

LE KRAMMÈS.

Le krammès est le paysan du Maroc. Ce nom lui vient de ce que dans le système de métayage en vigueur dans l'Empire, le fermier a le cinquième (krammès en arabe) de la récolte.

Le propriétaire fournit au krammès la semence, l'outillage, les bêtes de labour; il paye les moissonneurs, prête les animaux nécessaires au dépiquage des grains, et abandonne au krammès en retour du travail annuel qu'il lui fournit le cinquième des revenus en nature.

Ce système très-simple a pourtant des conséquences désastreuses qui ont pour effet de transformer le krammès en esclave libre. Car si pendant une année, ou même deux années consécutives, la récolte vient à manquer, le propriétaire fournit au métayer le blé et l'orge nécessaires pour alimenter sa famille; il lui prête en outre quelques piastres pour s'habiller, se chausser et se vêtir. Le krammès devient, à partir de ce jour, la véritable propriété de son maître. Il ne peut ni le quitter, ni aller faire un autre travail, ni prendre un autre maître, sans l'avoir payé au préalable, ou sans que le nouveau maître n'ait donné au premier intégralement le montant de la dette.

Soit imprévoyance, soit par les abus de l'autorité supérieure, le krammès est presque toujours endetté vis-à-vis de son patron. Il peut lui devoir tant de charges de blé, tant de charges d'orge, cent francs, deux cents francs et parfois même, si les années de famine se multiplient, cinq à six cents francs.

Que lui reste-t-il à faire? Au lieu de chercher, par un supplément de travail ou par de nouvelles méthodes appliquées aux travaux agricoles, à s'acquitter et à devenir libre, il laisse aller, avec le fatalisme qui lui est propre, les événements suivant leur cours; il cherche à faire le moins de travail possible et à voler son maître le plus qu'il pourra, soit sur la semence, soit sur la récolte.

Ce qui frappe dans l'étude de l'agriculture au Maroc, c'est une routine absolue, un manque complet d'initiative et de méthodes rationnelles.

La maxime : « Aide-toi, le ciel t'aidera », n'a pas cours au Maroc. L'outillage agricole est des plus primitifs. On se sert toujours de la même charrue qu'autrefois, charrue qui est plutôt un grattoir qu'autre chose. Après les pluies d'automne, le krammès sème à la volée le champ à cultiver, il enterre la semence avec son grattoir traîné par des bœufs, des chameaux et quelquefois des ânes.

Il se contente de ce seul labour composé de sillons des plus inégaux et contournés. On ne passe jamais la herse ni le rouleau. S'il y a des jujubiers, des palmiers nains, on a bien soin de les contourner, et de ne pas y toucher. Aussi, au bout de quelque temps, le jujubier absorbe-t-il une bonne partie du champ.

Pendant deux ou trois ans consécutifs on ensemence la même terre avec les mêmes grains, blé, orge, maïs. On laisse ensuite la terre en jachère pendant un an ou deux; puis on recommence le même travail dans les mêmes conditions.

L'initiative manque chez le krammès; c'est naturel, mais elle fait également complétement défaut chez le propriétaire qui n'en sait pas plus que son paysan au sujet de l'agriculture. Ils s'obstinent tous deux à vouloir tirer de leur champ toujours les mêmes éléments, sans penser à lui restituer, sous forme d'engrais, une partie de ce qu'ils enlèvent.

On ne fait jamais d'assolements, on ne donne jamais à la terre les engrais réparateurs nécessaires, naturels ou artificiels. Les labours profonds étant tout à fait inconnus, c'est toujours la même couche de surface qui produit et travaille, et qui ne reçoit d'autres principes que ceux fournis par la pluie.

Les conséquences sont faciles à en déduire : la terre s'appauvrit annuellement, et les rendements s'affaiblissent. Quelques terres de choix dans le Doukala, chez les Chaouïa, dans le Rharb, défrichées depuis peu d'années, encore fort riches en humus, peuvent, si les pluies sont abondantes, se couvrir de belles récoltes, mais ce fait est loin d'être général.

Les rendements moyens ne dépassent pas le six pour un pour le blé, et le dix pour un pour l'orge; car s'il y a des années où les rendements peuvent s'élever jusqu'à trente pour un, il y en a d'autres où le rendement est complètement nul, et l'on fait manger sur pied les récoltes par les bestiaux.

Cet appauvrissement des terres, dû à l'absence d'engrais, explique les différences considérables qui existent entre les récoltes d'aujourd'hui et les récoltes à l'époque romaine. Les auteurs romains parlent tous des rendements fabuleux des terres de la Mauritanie Tingitane qui correspond à la partie nord de l'empire du Maroc actuel.

Strabon parle de la merveilleuse fécondité de la plaine de Larache qui rendait le deux cent cinquante pour un. C'est qu'alors les terres récemment défrichées contenaient encore en grande quantité les principes en azote et phosphore nécessaires à la nutrition des graminées.

Le remède se trouve d'ailleurs bien près du mal, dans les rivières, qui sont au Maroc plus nombreuses et plus importantes que dans le restant de l'Afrique septentrionale, et dont l'utilisation décuplerait les revenus des terres par l'emploi de l'eau et par les dépôts de limon.

La pluie est, en effet, le grand facteur de la récolte. Sauf quelques terres légères, peu profondes, à sous-sol rocheux ou fortement argileux, où l'abondance d'eau nuit, car l'excès de pluie arrêtée par le sous-sol fait pourrir les racines.

Il faut des pluies pour ensemencer en octobre; il faut des pluies en novembre et décembre pour faire lever le grain; il faut des pluies au printemps, en mars et avril, pour déterminer la formation complète de l'épi. Si les pluies font défaut, ou si elles arrivent trop tard, il y a manque de récolte et souvent famine.

Un krammès me résumait un jour les fléaux de l'agriculture au Maroc. Il me disait : « Les sauterelles viennent quelquefois, les sécheresses souvent, les pachas toujours. » Ce qui échappe à l'un n'échappe pas à l'autre, et je me suis alors expliqué la malheureuse condition du krammès.

Il habite généralement sous la tente,

quelquefois un gourbi qu'il établit lui-même en pisé avec une couverture de chaume. C'est dans ce taudis malpropre, où ni l'air ni la lumière ne parviennent, qu'il enfouit sa famille. La femme étant un luxe souvent très-cher, le krammès n'en a qu'une généralement, mais il est inutile de chercher dans son intérieur d'autres sentiments que ceux qui peuvent unir deux êtres en vue de la reproduction.

Le sort des krammès est des plus misérables, et c'est l'organisation du pays elle-même qui est la cause de ses infortunes.

XXII

LE VIN KACHIR.

Le Maroc est presque en totalité propice à la culture de la vigne, qui vient également bien sur les coteaux et dans les plaines, mais qui prend surtout un grand développement dans les terres légères ou même complétement sablonneuses.

Les ceps originaires, soit des montagnes du Rif, soit d'Espagne, sont plantés de trois mètres en trois mètres et taillés à trente centimètres au-dessus du sol.

Les terres y sont parfaitement travaillées; aussi les raisins sont-ils abondants et superbes, particulièrement dans les régions du Doukala et du Rharb. Il y aura un jour dans ces contrées un magnifique champ à exploiter pour la fabrication du vin, quand les Européens pourront y posséder des terres, y construire des celliers et exporter les vins obtenus. Les quelques essais effectués par des Européens à Larache, à Rabat, ont parfaitement réussi. Le vin dans ces localités se rapprocherait du beaujolais.

Pour l'heure actuelle, on se contente en général du vin kachir. La religion musulmane défendant à ses fidèles l'usage des liqueurs fermentées, les Arabes au Maroc ne boivent jamais ouvertement du vin. Les Juifs seuls fabriquent et boivent le kachir.

Ce kachir n'est pas du vin, n'est pas du sucre, il n'est ni doux ni sec, c'est un affreux mélange qui n'a de nom que dans cette langue.

Pour l'obtenir les Juifs triturent les grappes mélangées à la fin du mois d'août, et laissent fermenter. Cette opération terminée, on prend la moitié du moût que l'on fait cuire pendant douze heures sur un feu doux, jusqu'à réduction de moitié. On le mélange alors à l'autre vin, on le laisse reposer, on écume et au bout d'un mois on le met en bouteilles.

Ce produit obtenu a les apparences dignes de lui. Sa consistance est légèrement sirupeuse, sa couleur celle du goudron.

La raison de ces préparations est bien simple, elle réside dans l'esprit d'économie qui doit régner partout, même sur la table des Juifs marocains. Le kachir n'étant pas bon, on n'en boit que fort peu; et tout est bénéfice.

Il est regrettable que dans les temps anciens, quand Hercule est venu au Maroc pour y voler les pommes d'or du jardin des Hespérides, il ne se soit pas fait accompagner par son cousin Bacchus, qui aurait apporté dans ce pays les procédés rationnels de vinification mis en usage par le dieu du pressoir. Ce voyage n'aurait pas été inutile, car il aurait contribué à l'abolition du kachir.

XXIII

L'ARGAN, LE MAÏS ET LE HENNÉ.

Le Maroc, au point de vue agricole, présente quelques particularités qu'il est intéressant de mentionner : l'arganier, la culture du maïs sans irrigation, et le henné.

L'arganier vient dans une zone assez étroite, aux environs de Mogador, dans les collines pierreuses qui se développent de l'Oued-Tensift à l'Oued-Sous. C'est un arbre de trois mètres de hauteur, très-fourni, à bois dur et résistant. Sa feuille ressemble à celle du lentisque, son fruit, dit argan, qui est de la grosseur d'une prune, a dans son noyau une amande dont on extrait l'huile.

L'argan prend une teinte jaunâtre veinée

de rose en juin, au moment de sa maturité. Les chameaux, les vaches le mangent alors, ruminent la pulpe, et en rendent le noyau. Ce noyau cassé entre deux pierres donne une amande qu'on fait rôtir sur une plaque de tôle jusqu'à ce qu'elle ait pris une teinte brune. On la retire ensuite du feu, et avant qu'elle soit entièrement refroidie, on triture l'amande avec une meule à bras pour la réduire en pâte. Cette pâte est arrosée avec de l'eau tiède, pétrie et agitée jusqu'à complète séparation de l'huile contenue.

Ces procédés de fabrication, quelque grossiers qu'ils soient, donnent néanmoins une huile comestible qui sert à l'alimentation des Arabes dans presque tout l'Empire. Cette huile pourrait servir en outre pour la savonnerie, pour le graissage des machines; filtrée, elle donne une belle lumière blanche due à un excès de paraffine.

L'arganier ne se trouve qu'au Maroc et dans la seule région du Maroc ci-dessus mentionnée. Il paraît devoir exiger pour son entier développement la proximité de la mer, des températures chaudes en été, douces en hiver, et beaucoup de calcaire dans son terrain. Il produit les argans, sans fumure, sans taille, sans arrosage, sans soins d'aucune espèce.

L'existence de ces belles forêts d'arganiers qui se trouvent sur les routes d'Agadir et de Maroc à Magador, et qui ne couvrent pas moins de deux cent mille hectares de superficie, pourrait devenir pour ce pays une source considérable de richesse.

Actuellement ces forêts sont du domaine public, elles n'appartiennent à personne et sont à tout le monde, on n'en exploite qu'une très-faible partie. L'exportation de l'huile d'argan pour Londres ou pour Marseille, et en général pour l'Europe, étant effectivement interdite, quelques Arabes seulement se livrent à la fabrication de l'huile d'argan que l'on transporte par cabotage dans les divers ports de l'Empire pour les besoins des habitants des villes. Mais on n'utilise certainement pas la centième partie de l'huile d'argan. Personne dans l'entourage du Sultan ne songe à tirer un parti plus avantageux de ces trésors isolés dans ce seul coin du globe.

Chaque arganier donnant en moyenne dix litres d'huile, le chiffre de la production totale des arganiers du Maroc pourrait facilement s'élever à un million d'hectolitres.

J'ajouterai que le tourteau d'argan, malgré sa saveur âpre, n'en constitue pas moins une nourriture très-recherchée par les ruminants, mais que repoussent, ainsi que le fruit lui-même, le cheval, le mulet et l'âne.

Il pourrait être utile de faire des essais de plantation d'arganiers en Algérie et Tunisie, dans les diverses parties de ces pays dont le climat ressemble à celui de Mogador.

Une culture également bien caractéristique du Maroc est celle du maïs effectuée sans arrosage.

Sur une zone fort étendue qui s'étend parallèlement à l'Océan, depuis le cap Spartel jusqu'à l'Oued-Sous, sur tout ce parcours sur une largeur approximative de 50 kilomètres, les brises sont assez fraîches et l'air assez humide pour y amener toutes les nuits une condensation sous forme de rosée qui constitue un véritable arrosage.

Ainsi est-on étonné de voir dans l'intérieur du pays, à une grande distance de la mer, dans le Doukala par exemple, dans les provinces de Haha et de Chiadma, des champs de maïs semé au mois de mars, et qui n'ont reçu ni pluie, ni irrigation. Pourvu que les pluies d'hiver aient été assez abondantes, au préalable, pour bien imbiber les terres et permettre au grain de lever immédiatement, le maïs germe, se développe et produit d'assez beaux rendements, sans qu'il soit nécessaire d'une seconde pluie; l'humidité de la nuit y suffit.

J'ai pu constater ce fait indifféremment dans les terres fortes ou sablonneuses. Aussi le chiffre des exportations du maïs pour le Portugal et l'Angleterre s'élève-t-il à trois millions de francs, et sous une bonne administration, cette production pourrait-elle être facilement décuplée.

Le maïs du Maroc est utilisé surtout dans les distilleries du Portugal, où l'on en tire un alcool de bon goût et abondant.

Enfin une dernière ressource du Maroc, qui n'est pas la moins intéressante, est le henné, qui se développe particulièrement bien dans le Tafilet, aux environs de Mazagban et sur le territoire des populations belliqueuses des Zaëres.

Les feuilles de cet arbuste desséchées au soleil, triturées et délayées dans l'eau, donnent une pâte assez épaisse brune rougeâtre qui sert à teindre les ongles et les mains des musulmanes, et de plus à donner du courage à ceux qui n'en ont pas.

C'est ainsi que chez les Zaëres, les femmes suivent leurs maris au combat avec des jarres pleines de cette teinture pour en jeter le contenu aux fuyards.

Je tiens ce renseignement d'un cheik des Zaëres qui était depuis plus d'un mois à Rabat, cherchant par tous les moyens à faire disparaître de son dos cette teinte qui caractérise... les braves, sa valeureuse moitié ne lui ayant pas ménagé le henné dans le dernier engagement.

XXIV

UNE MÉPRISE.

La dernière famine de 1878 avait été particulièrement fatale aux grands troupeaux du Maroc, et longtemps encore après cette année désastreuse, les campagnes présentaient à chaque pas des monceaux d'ossements de moutons, de vaches et de chameaux.

Quelques commerçants avaient eu l'heureuse idée de tirer parti de ces restes et de les expédier en Europe. Des bateaux venaient dans les divers ports de l'Océan chargés de sucre, et repartaient chargés d'os.

Ce commerce était entre les mains de quelques grands pachas des villes qui payaient un certain nombre d'indigènes pour leur rapporter les dépouilles des ruminants.

Or, le sultan Moula-Hacen, de passage à Casablanca, eut un jour l'idée de visiter avec son ingénieur, un Belge, les magasins de la douane transformés momentanément en nécropole animale. Quelle fut la stupéfaction de l'ingénieur, en trouvant au milieu de ces os de vache ou de chameau, des crânes humains! Non contents de les voler de leur vivant, les caïds volaient encore les Arabes après leur mort, et faisant feu de tout bois, envoyaient aux fabriques de noir animal tout ce qui pouvait rester des pauvres administrés.

Le Sultan comprit, et à partir de ce jour, il défendit l'exportation des os.

Le Makhzen s'émut de la question et demanda à l'ingénieur à quoi servaient les ossements.

L'ingénieur expliqua longuement leur usage; il dit que les os après calcination étaient employés, sous le nom de noir animal, pour la filtration des sirops dans les raffineries de sucre.

Malgré la clarté de ces renseignements, le ministre des travaux publics, esprit un peu brouillon, n'a plus voulu, depuis cette époque, mettre du sucre dans son thé, s'étant imaginé que les os servaient, non à clarifier, mais à fabriquer le sucre. Le malheureux, il ne voyait dans un pain de sucre qu'un tibia cristallisé.

XXV

LE COMMERCE DU MAROC.

Le commerce total du Maroc s'élève à près de quarante millions de francs. Ce chiffre, qui représente la somme des échanges de ce pays avec les autres contrées du monde, n'est pas le dixième du commerce de l'Algérie.

Les deux tiers environ de ce commerce sont entre les mains des Anglais. La France a un commerce d'une dizaine de millions seulement.

Les importations au Maroc se composent de cotonnades anglaises, de thés anglais, de sucre français, de divers articles de provenance française, tels que bougies, quincaillerie, allumettes, et de draps allemands.

Les exportations du Maroc comprennent des laines pour la France et l'Angleterre, des peaux de chèvre pour Marseille, des bœufs pour Gibraltar, du maïs pour le Portugal, des fèves, des pois chiches, de l'huile d'olive, des amandes et un peu d'alfa pour l'Angleterre, des cires et des gommes pour la France.

Les raisons de la supériorité du commerce anglais au Maroc sont multiples. Les Arabes veulent avant tout une marchandise économique, ils préfèrent acheter deux étoffes à dix francs en un an qu'une seule à quinze francs qui leur ferait à elle seule meilleur usage que les deux autres.

C'est parce que l'Angleterre habille à bon marché que ses cotonnades font prime sur les marchés du Maroc. En outre, les négociants anglais, plus confiants, accordent aux commerçants de la côte, Arabes ou Juifs, un crédit plus considérable qui leur permet de développer le nombre de leurs opérations.

Enfin, certains articles d'exportation, tels

que les huiles d'olive, les amandes, et souvent les cires, vont à Londres au lieu d'aller à Marseille, car, dans cette dernière ville, les huiles du Maroc sont frappées d'un droit d'entrée excessif de quarante francs par tonne, les amandes de soixante francs, etc., tandis qu'à Londres elles entrent en entière franchise.

Le commerce du Maroc avec nos colonies, le Sénégal et l'Algérie, n'a plus l'importance qu'il avait autrefois. Il y a quelques années, le Maroc envoyait encore au Sénégal beaucoup de chevaux et de pantoufles. Aujourd'hui le Sultan empêche la sortie des chevaux. Avec l'Algérie les principaux articles d'exportation sont les tapis de Rabat et de Casablanca, les haïks et pantoufles de Fez, les mulets et chevaux. Les transports s'effectuent soit par caravanes qui, partant de Fez, vont à Tlemcen et Oran, par Théza et Oudjda, soit isolément par Tanger, Melilla et Nemours. Les tapis de Rabat sont renommés pour la fixité des couleurs; on en fabrique environ quatre mille par an, dont les trois quarts vont en Europe. Ceux de Casablanca ont moins de valeur, car on y fait un grand usage de couleurs d'aniline.

En dehors de la défense d'exportation des blés et des orges, défense qui s'étend également à l'huile d'argan, aux bois, aux minerais, il y a à noter les droits d'entrée de 10 pour 100 sur toutes les matières, et les droits de sortie de 10 pour 100 et plus sur les produits bruts ou manufacturés dont on autorise l'exportation.

Si l'on tient compte du mauvais état des routes, de l'absence de chemin de fer, de canaux de navigation; si l'on considère les exactions du Makhzen et des caïds, exactions qui ont pour effet immédiat la diminution ou l'anéantissement total de la production, on comprend la situation actuelle du commerce du Maroc, qui ne peut que languir et végéter.

Deux grandes Sociétés de bateaux à vapeur mettent tous les ports du Maroc en communication avec l'Europe : la Compagnie anglaise Forwod et la Compagnie française Nicolas Paquet.

La Compagnie Nicolas Paquet a son siége social à Marseille. Elle envoie chaque quinzaine un bateau de mille tonneaux à destination de Tanger, Larache, Rabat, Casablanca, Mazaghan, Saffi et Mogador. Tous les bateaux Paquet sont fort bien aménagés pour le service des voyageurs. Ils chargent à Marseille les sucres, quincaillerie, bougies, allumettes, soieries de Lyon, et les divers produits que le Maroc demande à la France. Ils prennent pour fret de retour les peaux de chèvre, les cires, les grains, les cuirs, et tous les produits dont le Sultan autorise l'exportation.

Malgré le mauvais vouloir des agents marocains, cette Compagnie, grâce à la parfaite loyauté et à l'énergie de MM. Paquet, ses directeurs; grâce à l'intelligence de ses agents dans les divers ports du littoral, grâce aux connaissances des commandants de ses bateaux, peut rivaliser avec la Compagnie anglaise pour le transit. Elle a par ses efforts incessants puissamment contribué depuis de longues années au développement du commerce français sur toute cette côte.

XXVI

LE BUDGET DU SULTAN.

Les chiffres servant à établir le budget du Sultan du Maroc ne peuvent être qu'hypothétiques.

Rien n'étant réglé, aucun chapitre de recettes ou de dépenses n'étant bien tenu, le Sultan, n'ayant aucune idée de comptabilité, serait incapable de fixer ses recettes et ses dépenses.

Tout néanmoins fait présumer que le gouvernement marocain est un gouvernement pauvre. Et ce pays, si richement doué par la Providence, ne produit presque rien, à cause du manque d'organisation, de lumières et de sécurité.

Le plus net des revenus du Sultan est le droit des douanes qui sont établies dans tous les ports du Maroc ouverts au commerce. En chiffres ronds, ce droit rapporte ou plutôt devrait rapporter quatre millions de francs. Mais il y a des accommodements avec la morale, et bien des fonctionnaires du gouvernement marocain s'enrichissent au détriment de leur maître.

Ces revenus ont servi pendant vingt-cinq ans à payer une partie de la contribution de cent millions de francs levée par l'Espagne sur le Maroc après la guerre de Tétouan. Cette indemnité, qui n'a remboursé au gouvernement espagnol qu'une très-faible partie des dépenses de cette guerre, est à peu près payée intégralement depuis quelques mois.

Les autres revenus de Son Altesse sont les droits de ville aux portes, les monopoles, les affermages des produits de l'industrie, tapis, haïks, pantoufles, nattes, etc.

Ces revenus ne sont pas à négliger. C'est

ainsi que la ville de Fez donne, à elle seule, au gouvernement la somme de 160,000 fr. pour les trois affermages suivants : le droit de vente des pantoufles qui est concedé, par an, pour la somme de 13,000 piastres; le droit des portes par an, pour 14,000 piastres; le droit sur la vente des haïks, 5,000 piastres.

Le monopole du tabac, le change sur les monnaies, les cadeaux envoyés par les villes ou villages constituent des rentes assez importantes. La dîme qui s'étend aux revenus agricoles, aux troupeaux, produit également un revenu assez fort.

Ce droit despotique du Sultan existe sur tous les revenus directs ou indirects de ses sujets. Mais avant d'arriver dans les caisses du Sultan, la dîme passe en tant de mains, qu'il est bien difficile de savoir où elle s'arrête et dans quelle proportion elle parvient au maître.

En additionnant toutes ces recettes ordinaires et extraordinaires, on doit arriver au chiffre approximatif de sept millions de francs.

Où passent ces sept millions? Quelles sont les dépenses? Le Maroc n'a pas de dette, il n'a pas de travaux publics, d'entretien d'aucune sorte, pas de fonctionnaires à payer. Il reste au gouvernement comme dépenses, l'armée, le harem et la fantasia.

L'armée est composée à peu près de seize mille hommes qui sont payés quatre sous par jour, quand ils sont payés. En campagne, lors des insurrections chez les Zaëres ou dans le Sous, ce petit corps de troupe est nourri et entretenu aux frais des provinces; on lève, sur telle ville ou tel village, une contribution de blé, ou d'orge, ou de beurre qui doit suffire à l'alimentation du soldat.

Mais la grosse dépense est le harem. Voilà la ruine du budget. Le Sultan, ayant hérité du harem de son prédécesseur Sidi-Mohammed, a entre les femmes légitimes, les concubines et les esclaves attachées à leur service, un personnel féminin de près de deux mille têtes, personnel qu'il faut nourrir, habiller, parer de bracelets et de bijoux, parfumer et distraire. Des Juifs de Fez m'ont montré des comptes de plus de cent mille francs pour des fournitures de soieries et de drap pour les vêtements de ces dames.

Il y a en outre le harem à renouveler, et les femmes nouvelles, qu'elles viennent des bazars de Constantinople ou de l'intérieur du Maroc, coûtent toujours en argent ou en cadeaux une somme assez ronde.

Je ne parle pas des achats fantaisistes que le Sultan fait en Europe, d'horloges perfectionnées, de fusils, de canons, de pianos mécaniques, de montres à répétition et de diamants.

Pour faire face à toutes ces dépenses, plutôt que de toucher à son trésor, le Sultan préfère vendre un million de francs de blé et d'orge.

Quelle est la valeur du trésor du Sultan? Où est-il? Le trésor était autrefois à Mequinez; on dit aujourd'hui qu'il est dans le Talifet, où chaque année le Sultan fait porter des caisses d'or. On n'a aucune donnée assez précise pour fixer la valeur de ce trésor, qui peut atteindre cinq cents millions, comme il peut n'être que de cinquante millions.

Le possesseur du trésor, lui-même, le Sultan, n'en connaît pas la valeur. Il se contente d'ajouter de nouvelles piles d'écus et de nouveaux diamants aux précédents, bien décidé à ne jamais y toucher, à ne jamais en jouir et à se livrer aveuglément à la passion de l'avarice.

XXVII

DES CONSÉQUENCES DU DÉBOISEMENT AU MAROC.

Un parallèle établi entre la situation physique du Maroc à l'époque actuelle et aux époques antérieures pourra montrer les conséquences désastreuses du déboisement dans cet Empire.

Il n'y a pas au Maroc, au nord de l'Atlas, d'autres lacs que ceux de Ras-El-Doura et de Sidi-Bou-Salem, situés entre Larache et Rabat. Il n'y a plus de forêts, sauf en plaine celles de la Mamora et de Larache, et sur la montagne celles de l'Atlas, qui ne commencent généralement pas avant la cote mille deux cents. Jusqu'à cette altitude, les contreforts des grandes montagnes et les autres massifs secondaires, tels que les Djebels de Sidi-Kacem, Trate, Zale, Selfat, situés près de Fez; ceux de Ghilliz, Msgout, Kesker, situés entre Oudjda et Melilla; tous ces massifs d'une altitude moyenne, oscillant entre huit cents et mille deux cents mètres, sont privés d'arbres, de broussailles et de plantes qui pourraient fixer les terres [1].

C'est ainsi que sur la route de Fez à Oudjda, sur plus de trois cents kilomètres, je n'ai pas compté à droite et à gauche plus de deux cents oliviers; il en est de même pour la région du Doukala, des Chaouia, les environs d'Agadir, les coteaux de Bezou dans Serrhagena et enfin dans la plus grande partie du Maroc.

Dans le passage de beaucoup de montagnes, en particulier sur la route d'Oudjda, dans la traversée du col qui sépare le bassin

---

[1] Voir pour plus de détails la note B sur l'« Itinéraire de Fez à Oudjda » à la fin de cet ouvrage.

de l'Oued Yenahoun, affluent du Sebou, de celui de l'Ourd Msom, affluent de la Moulouïa, on voit les ravages occasionnés dans les croupes des versants par les pluies d'hiver, les creux paraboliques qui y sont formés, et qui ont détruit en plusieurs endroits les quelques sentiers qui y étaient praticables. Dans ces régions ci-dessus mentionnées les sources sont peu abondantes et d'un débit presque nul en été.

De plus, tous les cours d'eau du Maroc sont plus ou moins, mais sans exception, à régime torrentiel. Ils comprennent tous une période de crue très-forte en février ou mars, crue qui atteint son maximum au commencement d'avril, au moment de la fonte des neiges, alors que les terres fortement humidifiées n'absorbent plus les eaux qui s'en vont en totalité au thalweg. Après cette période, leurs débits vont en diminuant jusqu'au mois de septembre, où ont lieu leurs étiages, nuls pour quelques-uns, encore assez importants pour d'autres. Ces crues extraordinaires du printemps ou de l'hiver se distinguent par leur intensité et par leur courte durée.

Enfin la plupart des barres des rivières sont d'un accès difficile, et même celles de plusieurs, l'Oued Omm-el-Rbiah, la Tensift, l'Oued Sous, sont complétement infranchissables.

Telle est la situation actuelle des rivières, de leurs barres et du pays.

Si nous la comparons avec la situation à diverses époques antérieures, qui a été décrite par Hannon, Strabon, Pline, Edrisi et Léon l'Africain, on voit des changements considérables qui se sont produits dans l'état hydrographique de ce pays.

Tous les anciens auteurs parlent de marais permanents échelonnés le long du littoral, en particulier dans la région du cap Cantin; ils mentionnent aussi de vastes forêts qui servaient de repaires aux lions et aux éléphants. Léon l'Africain cite un lac de plus de mille deux cents hectares, situé au pied du Djebel-el-Akder. Edrisi parle des crues de longue durée, et presque aussi régulières que celles du Nil, des Oueds Ziz au Tafilet qui faisaient la richesse de l'antique Séjelmessa, Sous, dans la plaine du Sous, qui avaient permis la culture en grand de la canne à sucre dans cette contrée.

Enfin, comme les constructions encore existantes le témoignent, et comme tous les auteurs l'affirment, la Merjah de Sidi-bou-Salem, le Sebou, l'Omm el Rbiah, la Tensift, l'Oued Sous, étaient d'un accès facile et permettaient aux navires, soit du commerce, soit de l'Empire, d'y entrer et d'être à l'abri des tempêtes. C'est à ces circonstances qu'on doit attribuer la prospérité de la vieille Mamora, de Méhédia, de Salé, d'Azémour et de Taroudant.

Quelles sont les causes de ces changements? Est-ce que les pluies sont moins abondantes et régulières qu'autrefois? Cela est peu probable, car les années de sécheresse absolue arrivaient périodiquement autrefois comme aujourd'hui, environ tous les huit ans.

Mais si, selon toute apparence, la lame d'eau qui tombe chaque année au Maroc est la même qu'autrefois, la répartition des eaux pluviales, par les terres des versants, a bien changé, et il est certain que le déboisement est la cause efficiente de la situation actuelle du pays.

La destruction des forêts, qui s'est opérée d'une façon permanente depuis cinq siècles, continue encore de nos jours en tout point dans le pays. Pour faire du charbon, pour avoir une misérable récolte de céréales, les Arabes détruisent toute espèce d'arbres ou d'arbrisseaux; ils arrachent toutes les broussailles on plantes qui servent à fixer les terres sur les pentes. Aussi les eaux d'hiver qui tombent par averse sur ces terres sans lien ni consistance, au lieu de filtrer, de suivre un cours sinueux, de pénétrer dans des terres fixées par la végétation, et d'alimenter ainsi les sources en toute saison, vont aujourd'hui brusquement au thalweg par la ligne de plus grande pente, ravinent les coteaux, se réunissent en masse, et y gagnent alors une force vive que rien ne peut arrêter.

Ces eaux sauvages, dont Surrell et Cézanne ont si bien étudié la marche dans leur bel ouvrage sur les torrents des Alpes, déterminent des crues intenses et courtes. Si autrefois la goutte de pluie, qui pénétrait par les racines dans l'intérieur des terres, mettait un mois pour arriver au méat de la source, aujourd'hui, c'est en quelques heures qu'elle parcourt le même chemin.

D'autre part, cet accroissement des crues d'hiver a amené dans les rivières des quantités énormes de limon et de sable qui, plus nombreuses qu'autrefois, ont déterminé l'ensablement total de la plupart des barres.

L'équilibre qui existait entre les apports

des rivières et les transports au large par les courants maritimes a été rompu, du fait du déboisement continu. La somme des apports ayant augmenté dans une proportion considérable, l'excès s'est déposé à la barre et l'a rendue complétement infranchissable au plus petit voilier qui, avec les mêmes dimensions, y avait accès autrefois.

D'ailleurs, ce que l'on voit sur le littoral, c'est que ce sont justement les deux plus petites rivières, le Khos et le Bou Regreg, qui permettent encore l'entrée des bateaux à Larache et à Rabat.

Cela peut tenir à ce que leurs bassins respectifs, quoique déboisés en partie, sont d'une superficie beaucoup plus faible que les deux grands bassins du Sous et de l'Omm-el-Rbiah, et par conséquent ces deux artères charrient en hiver des volumes d'eau beaucoup moindres, et, par suite, des troubles beaucoup moins considérables que les courants maritimes peuvent encore entraîner au large.

La disparition des marais s'explique par le comblement des dépressions, par des eaux beaucoup plus limoneuses, par l'accroissement de l'évaporation sur un terrain sans arbres, par la diminution des sources et de leurs débits.

Ces mêmes causes expliquent aussi l'absence des lions et des éléphants.

XXVIII

L'UTILISATION DES FLEUVES DU MAROC.

Au point de vue pratique, que pourrait-on faire et que devrait-on faire pour rémédier à cet état des torrents?

Penser à reboiser ou même à gazonner toutes les montagnes du Maroc serait une idée impraticable, étant donné le caractère des habitants et surtout l'impéritie du gouvernement. Il y aurait lieu néanmoins d'améliorer la situation actuelle du pays dans les limites que comportent l'esprit de routine et la haine du progrès qui dominent dans les conseils du gouvernement marocain.

Le Maroc doit à l'Atlas une certaine régularité dans le régime de ses fleuves. Cette grande chaîne qui se développe en Tunisie et en Algérie vient s'épanouir au Maroc dans la direction du nord-est au sud-ouest. Elle court de l'est du Tadla jusqu'à Agadir au cap Guer, envoyant différentes cordillères vers l'Océan et divers rameaux vers le nord, dont le plus important est celui qui, séparant les vallées du Sebou et de la Moulouia vient former le Rif.

Les altitudes de ces hauts sommets qui oscillent entre deux mille cinq cents et trois mille cinq cents mètres permettent aux pluies d'hiver de se fixer sous forme de neige sur ses cimes, qui la rendent pendant l'été aux diverses rivières qui en découlent.

Si donc tous les cours d'eau du Maroc sont du fait du déboisement à régime torrentiel, c'est-à-dire que le rapport existant entre les volumes d'eau débités en été et ceux débités en hiver est très-faible. Plusieurs d'entre eux conservent néanmoins, au moment des sécheresses estivales, des débits fort intéressants et qui mériteraient d'être utilisés.

Pour se rendre compte du régime des grands fleuves du Maroc, il est bon d'en étudier un en détail, le Sebou, et d'en faire une monographie aussi exacte que possible.

Le Sebou, le Subur des anciens, prend naissance au Djebel des Beni Azrar, dans l'Atlas central, à environ quatre journées de Fez. Il descend près de cette ville, qu'il laisse à 5 kilomètres de sa rive gauche, se grossit successivement des eaux des Oueds Yenahoun, Ouerra, Beht, forme l'immense plaine d'alluvions des Beni Hassen, après avoir coupé les massifs du Selfat, des Djebels Zala et Trate, et va se jeter dans l'Océan près de Méhédia.

Son parcours est d'environ 550 kilomètres se répartissant de la façon suivante : 330 de Fez à la mer et 220 de Fez à ses sources. La pente qui est à Fez de 1 mètre par kilomètre n'est plus que de $0^m,10$ quand le fleuve arrive dans sa plaine d'alluvion.

Les largeurs du Sebou, en temps de crue moyenne, sont à Fez de 74 mètres, au gué des Ouled Abbassi, sur la route de Tanger, de 135 mètres, et à son embouchure de 300. La vitesse du filet médian, en moyenne de $1^m,50$, peut aller jusqu'à 3 mètres en temps de crue forte. La hauteur d'eau peut varier de $0^m,80$ à l'étiage jusqu'à 6 mètres, au moment de la fonte des neiges.

Le régime du Sebou comprend dans la période hivernale, depuis le mois de novembre jusqu'au mois d'avril, des crues moyennes de quatre cents mètres cubes à la seconde, mêlées de crues fortes de quatre à cinq jours, suivant les années, et pouvant donner un débit de deux mille mètres cubes à la seconde.

A partir du mois d'avril jusqu'au mois d'octobre, le débit du Sebou diminue progressivement et arrive à n'être plus que de quarante mètres cubes à la seconde, fin septembre, chiffre que l'on peut considérer comme celui de son étiage ou débit minimum.

Son régime participe évidemment du plus ou moins de pluie qui tombe dans l'année ; mais son bassin d'alimentation est tellement grand, il est de près de trois millions d'hectares, les cimes neigeuses qui alimentent ses sources ont de telles altitudes, que le Sebou ne tarit jamais, et les années de sécheresse absolue, son débit, quoique diminuant dans une notable proportion, ne s'annule pas complétement.

De plus, ces eaux sont très-limoneuses en hiver. Ces millions de mètres cubes d'eau, ces milliers de mètres cubes de limon qui vont chaque jour à la mer sans avoir produit leur effet utile, frappent évidemment tout esprit qui se rend compte du prix de l'eau en Afrique.

Aucun travail sérieux n'a été fait pour l'aménagement des eaux du Sebou. L'utilisation pourtant en serait facile, l'établissement du barrage se ferait sur le revers de la montagne de Selfat vers la cote quatre-vingts environ. Ces collines pierreuses fourniraient les matériaux nécessaires à la construction du barrage qui aurait pour but de fixer à une altitude constante la hauteur du plan d'eau dans la rivière.

Deux canaux s'en détacheraient, courant parallèlement au fleuve, et après 10 kilomètres environ, seraient au niveau des plaines à arroser chez les Beni Hassen et dans le Rharb, et fourniraient l'eau nécessaire aux besoins des cultures.

La richesse des terres de la plaine des Beni Hassen formée aux époques géologiques antérieures par les alluvions séculaires du Sebou, l'importance des débits de cette grande artère, ces divers éléments devaient me faire mentionner ce travail dont l'exécution pourrait être considérée comme une restauration de la vie agricole du pays.

L'utilisation des eaux du Sebou pour la navigation pourrait également être fort digne d'intérêt.

Méhédia, l'ancienne Thymiatère, qui se trouve à l'embouchure du Sebou sur la rive gauche, formait un des ports les plus florissants de l'Empire des Almohades ; elle est depuis près d'un siècle fermée au commerce. Après les sondages que j'ai pu effectuer au mois d'août dans la partie basse du fleuve, j'ai trouvé trois mètres à la barre ; quelle est la hauteur en hiver? Probablement beaucoup moindre à cause des dépôts de limon. Mais néanmoins les bateaux de faible tonnage pourraient encore y entrer, car, au dire des Arabes, la passe y serait plus facile qu'à Rabat. C'est ainsi qu'il y a deux ans, un bateau portugais de deux cents tonneaux est venu aborder à Méhédia, croyant être sur la rivière de Rabat, et a passé la barre sans difficulté.

Sur les cinquante derniers kilomètres de son cours jusqu'au Sok-el-Hadd, le Sebou serait navigable en toute saison. Pendant la période hivernale seulement le Sebou serait navigable jusqu'à Fez. Il ne s'y trouve ni courants, ni rapides, ni barrages naturels ou artificiels qui empêcheraient la navigation pour des petits vapeurs d'un faible tirant d'eau.

Dans son cours supérieur, en amont de Fez, toujours dans le régime hivernal, il serait flottable, et pourrait servir au transport des bois de genévriers qui sont en grande quantité à ses sources.

Le Sebou bien aménagé pourrait ainsi enrichir les provinces voisines. D'autres rivières au Maroc, telles que l'Omm-el-Rbiah, la Moulouia, mériteraient des travaux de captation et d'aménagement qui pourraient changer de fond en comble la face du pays.

Pour s'en rendre compte, on n'a qu'à voir les rares endroits, dans la plaine de Serrhagena en particulier, où la pente énorme de la rivière qui la traverse, le Tecaout, a facilité aux Arabes l'utilisation de ces eaux.

Toute la vie est concentrée près des canaux d'arrosage, et dans cette magnifique huerta le moindre fellah a un carré de luzerne, un petit bois d'oliviers et des champs semés en céréales parfaitement arrosés et d'un rapport des plus sérieux.

Ces travaux seraient à développer et à agrandir dans l'intérêt général du pays, pour tirer parti de cette source de richesse [1].

[1] Voir, pour plus de détails, l'étude du régime des grands fleuves marocains à la note A de cet ouvrage.

XXIX

L'AMOUR PATERNEL CHEZ LES ARABES.

A mon arrivée au douar du cheick El-Majoubi sur la route d'Agadir, un vieillard vint à moi me demandant justice. Il s'arrachait les cheveux et paraissait en proie à la plus sombre tristesse. Son fils Embarck-Ben-Brahim avait été tué dans des conditions particulièrement malheureuses dont le père me fit le récit.

Embarck était l'amant d'une des deux femmes de Mohamed-Ben-Hassein, riche commerçant des environs. Mohamed étant allé à Mogador pour ses affaires avait laissé la direction de sa maison à son frère Salah. La seconde femme de Mohamed, par jalousie ou pour tout autre motif, prévint Salah et lui dit qu'en venant à minuit nar-el-khémis (le jeudi), il pourrait dans la propre maison de son frère constater l'adultère.

Salah arrivant à minuit surprit les deux coupables, les attacha et alla demander aux gens de la tribu le sort qu'il devait leur faire. Après bien des discussions, on décida d'aller trouver le père de la femme attachée et de s'en rapporter à ses conseils. Celui-ci, sans hésiter, dit aussitôt qu'il fallait tuer et sa fille et son amant sans plus tarder.

Salah arriva à quatre heures du matin dans la chambre et tua les deux victimes : l'homme avec son fusil, la femme avec son poignard, et s'enfuit aussitôt dans la montagne des Glaoui.

Ce drame venait de se passer il y avait trois jours à peine, le père d'Embarck réclamait justice, disant que si toutes les lois divines et humaines autorisaient le mari à venger lui-même son honneur, aucune n'engageait les beaux-frères à s'occuper des affaires de leur belle-sœur, et là-dessus force lamentations.

Je me tus devant une douleur aussi poignante, dans ces circonstances les consolations ne pouvant être que banales et inutiles.

Embarck était son fils bien-aimé, la joie de son âge mûr, l'espoir de sa vieillesse, et en le perdant il avait tout perdu.

Je revins quinze jours après dans la même localité, et ce père infortuné, que j'avais laissé en proie à la plus amère tristesse, vint à moi en titubant, il ne pensait ni à son fils bien-aimé, ni à la vengeance, ni à autre chose qu'au raki dont il avait une bouteille pleine entre les mains.

Je demandais au cheick le mot de l'énigme, il était bien simple : la famille du meurtrier avait donné trois cents francs au père d'Embarck, et ce prix du sang du fils avait séché les larmes du père.

XXX

UN JOUR DE MARCHE.

Les tentes sont levées, pliées et chargées sur les mulets qui se préparent comme leur maître à parcourir un nouveau coin du Maroc. Ma petite caravane se met en marche au lever du soleil.

En Tunisie, une colline nue, une kobba blanche, un palmier isolé, forment par leur ensemble un beau paysage ; ce je ne sais quoi, qui est la vie chez les hommes, une intensité de couleur chez les objets inanimés se détache à chaque pas du moindre grain de sable, du plus petit olivier que l'on peut voir dans la campagne tunisienne.

Au Maroc au contraire, en exceptant

Tanger et la zone de la Méditerranée, dans l'intérieur du pays, sur les bords de l'Océan, les couleurs sont plus ternes et le ciel moins pur. Beaucoup de déceptions, du côté de la belle nature, attendent le voyageur au Maroc, qui est richement doté, mais qui n'est pas un beau pays.

On se console par une observation plus attentive des habitants de cet Empire.

Le Marocain est travailleur; il ne craint pas pour gagner un bon salaire de franchir un espace de mille kilomètres. Je rencontrais sur mon chemin des hommes de tout âge, ayant une chemise pour vêtement, un bâton pour arme, qui pieds nus et tête découverte se rendaient en Algérie dans ce modeste appareil pour travailler aux chemins de fer ou dans les fermes.

Ils restent ainsi dans la province d'Oran un an, deux ans et quelquefois plus, et reviennent avec quelques centaines de francs dans leur pays natal, au Tafilet, dans le Sous, dans le Drah, où ils achètent un morceau de terre et quelques oliviers, et où souvent, prenant pour exemple leur glorieux Maître, le Sultan, ils se contentent d'enfouir leur petit pécule sans vouloir y toucher jamais.

Ils s'associent quelquefois, et de cette union d'intérêt naissent des discussions sans fin. On me citait ce trait de deux frères de Méquinez, Ahmed et Ibrahim, qui, revenus de Tlemcen avec quatre cents francs, le fruit de leurs économies communes, avaient déposé cette somme sous terre dans la campagne aux environs de Méquinez.

Ahmed, un jour, vient tout en larmes dire au cadi que leur trésor avait disparu. Il soupçonnait son frère d'avoir commis le vol, car celui-ci ne manifestait aucune tristesse de l'enlèvement des quatre cents francs.

Ibrahim proteste de son innocence; néanmoins, devant les instances de son frère, il finit par dire au cadi : « Ce n'est pas moi qui ai volé, mais pourtant si mon frère Ahmed jure en ta présence dans la kobba d'un marabout vénéré que c'est moi, Ibrahim, qui ai volé, ce sera alors bien véritablement moi, et je rendrai l'argent. »

Le magistrat qui devait avoir sa part de bénéfice consent à tenter l'épreuve, et il accompagne les deux frères dans la kobba de Sidi-Ben-Aïssa. Là, Ahmed jure, par la barbe du saint, que c'est son frère Ibrahim qui a volé l'argent, et au sortir de la kobba, Ibrahim alors convaincu a rendu les quatre cents francs, mais il a toujours prétendu depuis lors que le marabout était un mauvais juge.

Plus de mille ouvriers marocains étaient partis pour le Sénégal il y a peu d'années pour l'établissement du chemin de fer de Dakar à Saint-Louis. Il est probable que les Marocains seront un jour les Chinois de l'Afrique; leurs qualités dominantes, la sobriété, la douceur, la force musculaire et l'aptitude au travail, les faisant préférer sur tous les chantiers aux Arabes d'Algérie et de Tunisie, plus mous ou plus paresseux.

Les Marocains ne reviennent pas toujours au village natal ; ils sont souvent assassinés sur le chemin au retour, quand ils ont les poches pleines, et même au départ quand ils ont les poches vides, uniquement pour être dépouillés de leur misérable chemise. Aucun héritier ne va réclamer, et l'on se contente de dire : « C'était écrit. »

Je voyais sur la route des buttes de cailloux auxquelles mes muletiers ajoutaient religieusement chaque fois une nouvelle pierre, c'était sur l'emplacement où avait été commis un meurtre deux ans, deux mois ou deux jours auparavant. Et ce petit travail pieux constituait pour mes hommes une distraction ; ils établissaient le compte des monuments expiatoires vus dans la matinée. Ils sont arrivés une fois jusqu'à treize ; ce jour-là nous avons marché plus vite. Ce passe-temps nous conduisait au déjeuner.

La grosse question alors était celle du figuier. Cet arbre qui a rendu autrefois de si grands services à la morale, rend encore à l'heure actuelle au voyageur des services d'un tout autre ordre, mais qui n'en sont pas moins précieux.

Le figuier permet de prendre à l'abri du soleil, sous son ombrage frais, le repas du midi. Après ce modeste repas composé invariablement d'œufs durs et de poulet froid, on se remettait en mouvement sur les indications d'un guide improvisé. Ces indications étaient toujours des plus vagues, les Arabes ne sachant jamais ni le nombre approximatif de milles, ni celui des heures nécessaires.

Ils me disaient : « Tu te tourneras vers l'est, tu franchiras une forêt de lentisques, tu arriveras vers un puits où il y a beaucoup de corbeaux, et à trois petites heures d'ici tu entreras dans la casbah du caïd Schafaoui. »

J'entrais le soir, après six heures de marche direction franchement nord, dans la casbah du cheick Hadj-Ali, sans avoir vu ni l'aile d'un corbeau ni la feuille d'un lentisque. En Europe on a quatre points cardinaux, au Maroc il y en a deux seulement, l'est et l'ouest, le nord et le sud faisant indistinctement partie des directions où le soleil se lève et se couche.

Une de mes distractions quand il faisait chaud était d'agiter un thermomètre-fronde et de mesurer ainsi avec précision le degré de mes souffrances.

Je me souviens, un jour de siroco en juillet, j'agitais le thermomètre fiévreusement, il s'obstinait à marquer 40° à l'ombre avec une fixité désespérante. Un Arabe passe à moitié nu ; il avait la figure surchauffée par une longue course et par le soleil. Il me demande à quel degré on est arrivé : « On est au quarantième, lui dis-je, pour aujourd'hui, mais on peut monter jusqu'à cent. — Il fait

alors presque froid, fait mon indigène, puisque nous ne sommes pas encore au milieu. »
Et là-dessus il remet son burnous, heureux d'avoir pu consulter la science une fois dans sa vie.

Une autre distraction, mais cette fois plus dangereuse, était la traversée des rivières : quand j'arrivais à un torrent, invariablement la veille ou le matin, un âne, deux Juifs et un schériff avaient été enlevés par les eaux. Au reste, ce que me disaient les Arabes se réalisait quelquefois, d'après ce que j'ai pu constater moi-même.

Un jour, en traversant l'Oued-El-Hadar qui alimente la Merjah de Sidi Bou-Salem, la fonte des neiges au mois d'avril avait fait grossir la rivière qui n'était plus guéable. J'avais effectué assez heureusement la traversée de la rivière sur une petite barque tout en herbages remorquée par deux tritons d'ébène, lorsque j'entends un cri désespéré : « Nouss franc, nouss franc, un demi-franc, un demi-franc. » Je me retourne et je vois à une centaine de mètres quelque chose de bleu et noir qui allait à la dérive. Les Arabes faisaient des paris pour savoir dans combien de temps l'objet en question parviendrait à la mer. Un d'eux dit que le Juif y arriverait dans une heure. « Quoi, lui dis-je, c'est un Juif? — Oui, c'est un Juif qui n'a pas voulu nous donner un demi-franc pour traverser la rivière, et mal lui en a pris. — Sauvez-le donc! — Nous voulons deux francs, et il ne veut nous donner que dix sous. — Vous les aurez. La vie d'un homme vaut bien quarante sous. » Et aussitôt deux nègres se jettent à la nage et ramènent le pauvre Juif à moitié évanoui.

Il avait voulu traverser la rivière sans barque, et ses forces qui n'étaient pas à la hauteur de son esprit d'économie l'avaient trahi, et il aurait été noyé infailliblement sans l'aide des nègres.

Ceux-ci, le voyant dans une position critique, lui demandaient deux francs pour lui prêter main-forte, et le Juif avait trouvé encore assez de force pour protester et pour proposer simplement : « Nouss franc », le dernier cri que j'avais entendu. Il donna ce qu'il avait promis, et je complétai la somme due à ses sauveurs.

Ces divers incidents permettaient d'arriver sans trop d'ennui au campement du soir dans un village ou dans une casbah.

La casbah est une sorte de forteresse à murs élevés en pisé, avec une seule grande porte qu'on ferme le soir pour mettre le village à l'abri des pillards. Dans cette enceinte se trouvent la maison du gouverneur, une dizaine de gourbis pour les Arabes, deux ou trois boutiques de marchands juifs, beaucoup de saleté, peu d'eau et jamais d'arbres.

Quand je franchissais après le coucher du soleil le seuil de la casbah, je pensais aux plus modestes auberges de France que j'aurais été bien heureux de retrouver dans l'intérieur du Maroc. Il y a d'excellents hôtels à Tanger, mais dans tout le reste de cet Empire plus grand que la France, on ne rencontre pas le moindre fondouck en usage en Tunisie.

On arrive exténué, les membres endoloris, la tête en feu, l'estomac en souffrance; on a pour se reposer et pour se nourrir à recevoir toutes les salutations des indigènes. — Comment vas-tu? Vas-tu tout à fait bien? — Com va ta tête? Comment vas-tu? etc. — Et à mon tour il me fallait demander à mon interlocuteur des nouvelles de sa santé, de son œil, de sa tête et de sa famille d'une façon discrète, et il ne pensait jamais à me demander comment allait mon estomac.

Après ces échanges de politesse, on prononçait les paroles sacrées de l'hospitalité : Meraba bik, « Que l'ampleur soit avec toi ». Après ces paroles, j'étais certain que pas un cheveu ne tomberait de ma tête, et qu'au bout de deux ou trois heures on m'apporterait la monna.

Quand on va chez un Arabe de distinction, on doit suivant les règles musulmanes rester chez lui pendant trois jours : le premier est consacré à se saluer, le second à manger, le troisième à boire du thé. On se quitte alors satisfait des deux côtés.

N'ayant que quelques heures à passer chez eux, ils me harcelaient de questions sur moi et les miens, sur les productions de mon pays. Ils tenaient à savoir s'il y avait en France des chevaux, des femmes, du blé, des vaches comme chez eux; d'où venait notre fortune; si chaque Français n'était pas propriétaire d'une mine d'or.

Un soir, un derviche, un pauvre nègre du Drah qui allait au Hadj, c'est-à-dire qui allait faire son pèlerinage à la Mecque, dans la crainte d'être gêné par les brouillards qui l'empêcheraient de distinguer sa route, me pria de lui donner ma boussole qui pourrait lui servir tous les jours de l'année à s'orienter vers l'Arabie.

J'accédai à sa demande, à condition qu'il laisserait cette boussole, comme souvenir, dans le temple de la Kaaba à la Mecque, où elle est sans doute à cette heure.

XXXI

UNE AVENTURE DANS LE SOUS.

Chaque partie du monde a son Pérou. Le Sous est le Pérou du Maroc.

Dès mon arrivée à Tanger, on me parla des mines de cuivre du Sous [1]; des nombreux voyageurs qui étaient allés à Taroudant, capitale de cette province; de ceux en plus petit nombre qui en étaient revenus; d'un consul d'Espagne et d'un Portugais qui y étaient restés prisonniers, le premier deux ans, le second six mois; le consul était revenu maigre, le Portugais très-gras, car ce dernier s'était nourri de l'orge des chevaux

---

[1] Voir la note D, relative à la mission du capitaine Roberton, à la fin de l'ouvrage.

qu'il devait soigner; deux Allemands y avaient été assassinés; enfin Jonas lui-même, suivant une tradition arabe, y aurait abordé autrefois.

Tous ces détails m'avaient fortement attiré du côté du Sous. Aussi, partout sur mon chemin, à Fez, à Maroc, dans les villes du littoral, je cherchais auprès des pachas des renseignements précis sur cette province pour pouvoir m'y rendre sur ma mule, puisque je n'avais pas de baleine à ma disposition.

Le Sous s'étend entre l'Atlas et le Sahara; il a cinquante lieues de côtes environ au sud d'Agadir, avec une profondeur moyenne de vingt-cinq lieues. On y travaille beaucoup le cuivre.

Cette province est traversée par plusieurs rivières : l'Oued Sous, l'Oued Ouelras, l'Oued Asaka.

Les eaux de l'Oued Sous autrefois étaient captées en totalité pour les irrigations de la canne à sucre, cette culture étant, au dire de Léon l'Africain, très-répandue dans le Sous, qui était le grand marché des sucres pour le Maroc et le Soudan.

Les changements considérables qui se sont produits dans le régime des rivières y ont mis fin. Actuellement on n'y cultive plus que les céréales, les oliviers et les amandiers.

Le Sous était autrefois indépendant, il est actuellement de fait sous l'autorité de l'empereur Moula Hacen, qui a voulu rattacher ce fleuron à sa couronne, et qui depuis plusieurs années y fait une active propagande schérifienne.

Il y place des gouverneurs, y construit une ville fortifiée, Tizenit, y entretient la Malla, ou armée du Sud, et il voudrait tirer parti des richesses minières du Sous, bien entendu sans l'aide ou la présence des Européens.

Il y a défense absolue à tout ce qui porte chapeau de pénétrer dans le Sous. On m'avait prévenu ; les Arabes m'avaient engagé à y aller, habillé en Juif; les Juifs m'avaient engagé à y aller, habillé en musulman; les Européens m'avaient engagé à ne pas y aller du tout.

Je tins bon et partis, sans gandourah ni burnous, un beau matin de Mogador avec des vêtements de chrétien. J'avais avec moi un cuisinier, deux muletiers, un drogman Chelloh.

Dans le Sous, comme dans les montagnes de l'Atlas, on parle surtout le chelloh, langue des populations primitives du pays, et qui diffère totalement de l'arabe, langue parlée par les envahisseurs.

Après quatre jours de marche, nous arrivons à Agadir. Dans cette route assez mauvaise, qui traverse des forêts de thuyas et de lentisques, j'eus l'occasion de voir au milieu des rochers qui forment le cap Guer, terminaison extrême du Grand Atlas, un travail assez curieux de la mer. Elle y a formé de nombreuses criques qui, sous l'action des marées et des tempêtes, vont en s'agrandissant de jour en jour, faisant avancer ainsi dans les terres le domaine maritime.

Agadir est près de la mer, c'est un château blanc qui domine une colline élevée. Ses remparts sont à pic sur les rochers. Cette bourgade, habitée par quatre cents Arabes des plus misérables, a pour chef un khalifa, le fils du pacha de Mogador.

J'ai trouvé sur les remparts d'Agadir deux canons portugais portant l'inscription suivante : *Maria et Petrus III reges*, avec l'écusson du Portugal et le millésime 1782. Au-dessus de la porte d'entrée de la ville se trouve l'emblème du Sacré-Cœur surmonté d'une croix avec les deux lettres S. C.

Au pied d'Agadir, au bord de la mer, est le village de Fonti, habité par des pêcheurs. Le poisson est en effet très-abondant sur toute cette côte, où j'ai pu acheter pour cinquante centimes un panier de dorades et de rougets.

Agadir est la porte du Sous, j'avais hâte de franchir ce dernier seuil. Je montrai au Khalifa ma lettre du Sultan, lettre qui m'autorisait à parcourir les provinces soumises et me recommandait aux caïds de Son Altesse.

Après lecture, le Khalifa me félicita de ce précieux document que je devais à l'obligeance de notre ministre au Maroc, M. Féraud. Il ajouta que cette lettre donnait aux agents du gouvernement des instructions très-précises, et que le Sous étant soumis effectivement au schériff Moula Hacen, je pourrais faire une visite détaillée de cette province, et me rendre avec toute facilité à Taroudant, ville intéressante, distante de cinquante kilomètres environ.

Le Khalifa me fit accompagner aussitôt chez le caïd Hadj Ahmed, le premier caïd du Sous, qui habite les bords de la rivière au milieu d'une Kabylie puissante éloignée de trois petites lieues d'Agadir.

En route je trouvai un malheureux, un derviche, couché de tout son long près d'une fontaine; il me tendit la main, j'y déposai une légère aumône, et comme remercîment il prononça ce verset du Coran : L'homme est mieux assis que debout, couché qu'assis... mort que couché.

Je réfléchissais encore au sens des paroles du derviche, lorsque j'arrivais chez le caïd Hadj Ahmed. Ce gouverneur m'accueillit fort mal, je tombais en plein Rhamadan, il sortait de la Mosquée avec une centaine de musulmans. Le Caïd, sans vouloir rien entendre, comme s'il avait été prévenu de mon arrivée, me dit que le Sous n'était pas ouvert aux chrétiens, qu'il avait des ordres formels du Sultan de n'y laisser entrer personne, pas plus tard que ce matin trois musulmans ayant été tués sur le chemin de Taroudant.

10.

Je lui montrai la lettre du Sultan, il en contesta le sens qui était pourtant si net, et qui avait été trouvé tel par tous les autres caïds. Il fit des reproches à mes hommes d'avoir suivi un chrétien, et tous les gens du village commençaient à nous injurier et à nous entourer.

Je leur imposai silence, signifiai au Caïd l'ordre de faire monter mes tentes, et lui exprimai pour la dernière fois mon désir d'aller à Taroudant, lui ajoutant que s'il ne voulait pas m'y faire conduire, je saurais avec ma boussole en trouver le chemin tout seul ; que s'il y avait des dangers à courir, je saurais les braver, et qu'il était spécialement mentionné dans la lettre du Sultan de ne m'arrêter en aucun cas partout où je voudrais aller.

Le Caïd fit dresser mon campement au milieu du village, je dînai et me couchai après avoir dit à mes muletiers de se préparer à partir le lendemain matin à l'aube pour Taroudant.

Je ne pouvais fermer l'œil, les Arabes faisant un vacarme infernal, mangeant bruyamment toute la nuit pour réparer le jeûne de la journée et se tenir prêt au jeûne du lendemain.

J'étais dans un demi-sommeil lorsque j'entendis le frôlement d'une ombre du côté de la porte de la tente. Je crie : « Qui vive ? » — L'ombre me répond : « Schériff Yusef. » — Le nom de cet honorable musulman m'était totalement inconnu. Je me lève et je me trouve en présence d'un solide gaillard, robuste et bien bâti, qui venait me demander un aphrodisiaque. Il était deux fois bigame. Je lui réponds que je ne veux pas lui donner ces sortes de remèdes, et que je ne peux pas lui en donner, car je n'en ai pas. Il se retire en me regardant du mauvais œil.

M'en remettant à la Providence pour le lendemain, je m'endormis, pensant non sans une certaine émotion que cette première nuit dans le Sous pouvait être la dernière de ma vie.

Les premières lueurs du soleil dissipent le dernier couscoussou, on se lève, on plie les tentes, et à cinq heures je me trouvais à la porte du caïd Hadj Ahmed, lui annonçant mon départ pour Taroudant. Il me dit : « Bien. » Il prend copie de ma lettre, et ajoute qu'il me donnera une escorte de gens sûrs pour me rendre à Taroudant, et me présente le chef de cette escorte dont il me vante la fidélité : c'était le schériff Yusef qui me regardait toujours du mauvais œil.

Nous quittons le village, on nous voit partir sans mot dire. Yusef en tête, à cheval, ayant fusil, pistolet, poignard, sabre, poire à poudre. Trois autres spadassins également bien équipés faisaient partie de l'escorte.

Je ne pus m'empêcher d'établir par la pensée une comparaison tout à leur avantage entre leur armement et le mien. Je n'avais qu'un petit revolver de poche avec lequel on manque à dix pas et un couteau de cuisine qui servait à égorger les agneaux. J'avais emporté le revolver pour effrayer les chiens des Douars. Je n'avais pas voulu d'autres armes, de même que je n'avais voulu porter sur moi aucun argent pour éviter tout motif de vol et par suite d'assassinat.

Nous cheminions depuis une heure dans une traverse qui mène à la grande route d'Agadir à Taroudant. Le silence était glacial; les mules elles-mêmes, comprenant qu'il allait se passer quelque chose de grave, marchaient sans murmurer.

Tout à coup je vois le schériff Yusef changer de direction et piquer droit vers Agadir. — Où vas-tu ? lui dis-je. — A Agadir. — Ce n'est pas à Agadir que je veux aller, c'est à Taroudant. — C'est à Agadir que je te mènerai, et de force. — De force? lui dis-je. — A ce moment je tourne ma monture pour aller demander des explications au Caïd. Yusef alors arme son fusil et me met en joue, il était à cinq mètres environ; les trois autres guides se précipitent sur moi, pistolet chargé, brandissant leurs poignards, me saisissent le bras, et jurant comme des possédés, ils commencent à hurler comme des bêtes fauves, et à crier bien haut que le Sous serait le tombeau des chrétiens. Je ne répondis rien, je les tins à distance sans sortir le revolver et le couteau de cuisine qui étaient côte à côte serrés tranquillement dans les cantines, et j'ordonnai à mes hommes de ne rien faire. Au bout d'une petite heure, en vrai prisonnier, j'arrivais à Agadir surveillé et escorté.

Je me plains immédiatement au Khalifa de ces actes d'arbitraire et de violence dont j'aurais pu devenir la victime, et lui racontant avec précision les moindres détails de l'aventure, je lui dis en finissant : « Le principal coupable est le schériff Yusef, qui m'a mis en joue, etc. — Rien ne m'eût étonné de sa part », dit le Khalifa. Ne voyant pas le schériff Yusef, je somme le Khalifa de le faire monter. Le Khalifa refuse, me disant que le schériff Yusef ayant tué, il y a quelques mois, le propre cousin du Sultan, il ne peut le laisser entrer dans la ville, car il devait dans ce dernier cas le faire saisir et pendre, les ordres étant formels à ce sujet.

Je connus alors l'origine du mauvais œil du schériff Yusef. On m'avait donné pour guide et chef d'escorte un assassin...

XXXII

MAROC ET TOMBOUCTOU.

Le royaume de Tombouctou a été à deux reprises différentes sous le protectorat effectif du Maroc : une première fois sous la dynastie des Almoravides vers l'an 1100, une seconde fois sous les Schériffs au dix-septième siècle. Il en est aujourd'hui complétement indépendant.

Plusieurs sultans du Magreb avaient compris autrefois l'immense avantage qui résultait pour eux de l'occupation du Soudan occidental. De grandes expéditions y avaient été dirigées, après lesquelles les troupes étaient toujours revenues chargées de butin.

A une époque l'or du Soudan afflua dans tout l'Empire avec une telle abondance que le Sultan qui régnait alors, le schériff Ahmed, fut surnommé Dehebi, « le Doré ».

Moule-Ismaël y avait gagné également un trésor considérable, et il se crut assez riche pour oser demander en mariage une princesse chrétienne, la fille de Louis XIV et de mademoiselle de la Vallière.

La politique des sultans actuels est tout autre. Se repliant sur eux-mêmes, ils ont laissé échapper ce vaste royaume. Ne favorisant aucunement le commerce extérieur, ils ont laissé peu à peu s'abaisser le chiffre des échanges qui se faisaient autrefois avec Tombouctou.

Depuis la dernière famine de 1878, en particulier, depuis la création de Caïdats dans le Sous, l'importance des caravanes diminue, car les riches négociants du Sous qui avaient à peu près monopolisé ce commerce sont forcés de passer pour pauvres de peur d'être volés, et par suite d'expédier peu de marchandises au Soudan.

Le principal article d'exportation est l'esclave; viennent ensuite les plumes d'autruche et la poudre d'or. On y importe des cotonnades anglaises, du sucre français, qui arrivent par Mogador, et du sel que les caravanes prennent en chemin dans les salines du Sahara.

Les caravanes se mettent généralement en marche au printemps. Elles partent de l'Oued Noun, rivière au sud de Sous, et se dirigent vers Tombouctou par Tendouff et Araouan.

Tendouff est une bourgade de deux mille musulmans, située à dix jours de marche de Mogador et à quarante jours de Tombouctou. Les chameaux appartiennent aux Tajakants, tribus berbères disséminées dans le désert. Les échanges se font à Tombouctou en nature, et les marchands viennent aux mois d'août et septembre vendre dans les grandes foires du Sous les esclaves et les produits sortis du Soudan.

La difficulté des transports ne permet pas

l'exportation des produits si variés et si abondants du Niger, tels que le sésame, le riz, l'indigo, la canne à sucre. Une voie ferrée seule, reliant Agadir et Tombouctou distants de quatorze cents kilomètres, permettrait le développement d'un commerce soudanien. Les tribus pillardes qui se trouvent sur le chemin, l'éloignement des points d'eau, les mouvements de sable, constituent malheureusement un triple obstacle pour un Transsaharien quelconque, qu'il aboutisse à Alger ou à Agadir; le temps seulement permettra de résoudre cette question, après une étude plus approfondie des routes à suivre et des ressources qui s'y trouvent.

Pour le moment, la plus grande partie du commerce de Tombouctou s'effectue par le Sénégal.

Un Anglais, M. Mackensie, représentant d'une société puissante, s'est courageusement établi au cap Jubi, un peu au sud de l'Oued Drah, dans le but de nouer des relations avec les indigènes et avec Tombouctou. Le Sultan n'a pas vu d'un très-bon œil cette installation et a suscité à M. Mackensie des obstacles sans nombre, en défendant aux musulmans du Sous d'aller au cap Jubi.

XXXIII

L'AVENIR DU MAROC.

Oui, l'Empire du Maroc croule bien, et il croule par ce qui est à la fois sa tête et sa base, par son gouvernement composé d'un Sultan ignorant et d'un Makhzen corrompu.

Ce pays qui, sous les dynasties des Almoravides et des Almohades, a joui d'une civilisation incontestable, qui a eu ses historiens, ses astronomes, ses mathématiciens, ses poëtes, une belle architecture, un commerce florissant, une agriculture raisonnée, qui a été assez puissant pour soumettre à une même époque Grenade, Tlemcen et Tombouctou, ce pays se meurt.

Se repliant sur eux-mêmes, s'isolant du

reste du monde, fermant la porte à toute idée de progrès, les Schériffs qui règnent sur le Maroc depuis trois siècles ont amené cet Empire à l'état de décomposition que l'on peut constater aujourd'hui.

Le poisson pourrit par la tête, dit le proverbe russe; on peut voir la vérité de cet adage sur le grand corps marocain.

Se concentrer sur lui-même, piller les sujets, arrêter tout travail et toute initiative, tel est le programme du Makhzen.

Le vice étant en haut, il est naturel que la pauvreté seule soit en bas.

Aussi l'Empire du Maroc qui a plus de 60 millions d'hectares, des plaines fertiles, de grandes rivières, des mines importantes de cuivre, ne produit presque rien. Son commerce est précaire, son agriculture primitive; on n'y trouve aucun chemin de fer, aucune route, aucun barrage, et les ports lui font tout à fait défaut.

La population, composée de cinq millions

d'Arabes ou Berbères et de quatre cent mille Juifs, est pourtant travailleuse et ne manque pas d'intelligence; mais faute d'esprit d'organisation, faute d'une direction honnête et éclairée, elle est réduite à la dernière misère.

Les Arabes sont des peuples faibles qui ont besoin de tuteurs; ce sont des têtes riches en imagination, mais dans lesquelles le manque de travail, la routine et le fatalisme ont laissé s'étioler absolument la véritable intelligence et le sens pratique, et qui demandent, vivant dans l'obscurité, à être éclairées par les lumières européennes.

L'Europe a-t-elle dit son dernier mot sur ce pays qui est à ses portes, pays qui, éloigné de l'Espagne de vingt kilomètres seulement en quelques points du détroit, forme la continuation africaine de l'Europe, et qui par sa situation trace le grand chemin du Soudan?

L'Europe laissera-t-elle s'écrouler tout à fait cet Empire? Ne viendra-t-elle pas en aide à une population opprimée et réduite à mourir de faim? Laissera-t-elle inexploitées toutes les sources de fortune agricoles et minières répandues à flot dans le Maroc?

L'intérêt général y est en jeu, car le développement de la richesse publique se trouve momentanément arrêté de ce côté du globe par le mauvais vouloir du gouvernement marocain.

Pour arriver à une solution, point n'est besoin pour le moment d'une occupation ou d'un protectorat, il faut seulement que le Maroc suive la règle commune, et que les représentants des puissances européennes habitent la même ville que le Sultan.

Les chargés d'affaires résident à Tanger, le Sultan habite Fez ou Maroc. Il a pris pour délégué à Tanger Si Bargach, affublé du titre pompeux de ministre des affaires étrangères. Or, Si Bargach, ayant des intérêts privés à surveiller à Rabat, vient dans cette ville se reposer des fatigues de la politique, souvent sept jours par semaine, et laisse un khalifa à Tanger.

Si donc quelque complication se présente, si les intérêts d'un protégé sont lésés, le chargé d'affaires fait parvenir sa plainte au Khalifa; le Khalifa, après réflexions, renvoie la plainte à Bargach; Bargach, après réflexions, l'envoie au Sultan. Le Sultan réfléchit encore plus longtemps et après quelques jours répond à Bargach, s'il trouve la communication pressante; Bargach écrit alors au Khalifa, et enfin la réponse, de main en main, après bien des semaines, arrive à l'intéressé.

Cet état de choses cessera quand les représentants des puissances habiteront Fez ou Maroc; et le Makhzen alors ne pourra plus prendre les faux-fuyants de la diplomatie orientale et sera forcé de s'exécuter.

Alors, mais alors seulement, le Maroc sera effectivement ouvert à l'Europe, qui pourra exercer une pression efficace sur le Sultan, inaugurer les réformes et exécuter les principaux travaux qui feront circuler la vie par tous les pores dans ce grand Empire.

Le Maroc est avant tout un pays de grains. Les provinces limitrophes de l'Océan, le Rharb, les Beni Hassen, les Chaouia, le Doukala, l'Abda, le Chiadma, le Haha, le Sous forment la partie agricole la plus riche de l'Empire.

Ces provinces exportaient au siècle passé beaucoup de grains en Europe, au Portugal, en Espagne, en France. La défense d'exportation des céréales blé et orge, les droits exorbitants de sortie de 10 pour 100 et plus sur les maïs, fèves, pois chiches, lentilles, etc., ont eu pour effet d'anéantir la production elle-même.

Le blé se vend à un prix dérisoire. Aussi, manquant de débouchés pour ses récoltes, craignant d'être volé par ses chefs, le Krammès ne cultive plus.

Une forte diminution des droits de sortie, l'autorisation d'exporter les blés et orges, l'huile d'argan, les bois des forêts de l'Atlas et de la Mamora, les raisins, les vins fabriqués dans le pays, l'autorisation aux Européens de posséder des terres et de construire des maisons ou usines, ces premières mesures auraient pour triple effet d'enrichir les marchés de Marseille, de Londres, d'Espagne et d'Italie des produits agricoles si variés et si abondants du Maroc, de favoriser l'agriculture et le Krammès, et d'augmenter dans une forte proportion les revenus des douanes marocaines et par suite le budget du Sultan.

Les importations grandiraient dans le même rapport que les exportations, car les Arabes plus riches, ayant plus de luxe et plus de besoins, achèteraient à l'Europe une plus grande quantité de soieries, draps, étoffes ou denrées, produits que des populations pauvres ne peuvent avoir les moyens de se procurer.

Toutes les provinces de l'Empire pourraient en outre voir leurs revenus décuplés par l'aménagement des eaux des fleuves qui les traversent. Plusieurs plaines, celles de Rharb, des Beni Hassen, de Serrhagena, du Sous, de la Moulouia, pourraient bénéficier des irrigations permanentes, et ainsi plus de quatre cent mille hectares, par l'établissement de barrages et de canaux d'arrosage, pourraient être mis en valeur, fournir deux récoltes assurées par an, donner dans les années de sécheresse le blé aux populations des montagnes, produire des fourrages, du riz, la canne à sucre, le coton, la ramie, et en général tous les dérivés des cultures intensives.

La savante et pratique utilisation des grandes rivières du Maroc, le Sebou, le Técaout, l'Oued El Akder, l'Oued Nfis, l'Oued Sous, la Moulouia, aurait pour effet de faire du Maroc une petite Égypte.

L'exploitation des mines du Maroc serait aussi fort digne d'intérêt.

Aujourd'hui, sous le prétexte que presque

toutes les nations doivent, d'après les conventions, être traitées sur le pied de la nation la plus favorisée, le Sultan n'accorde aucune concession de mine et empêche toute exportation de minerais de cuivre. Car si, par exemple, le Sultan consentait à une concession de mine à un Anglais, il devrait en accorder une à un Français, à un Espagnol, à un Allemand, etc., et pour ne mécontenter aucun Européen, il ne satisfait personne.

Les mines sont pourtant assez abondantes pour contenter tout le monde. Des renseignements intéressants sur les métaux contenus dans les montagnes de l'Atlas ont été fournis par la mission Roberton. (Voir note D.)

Il est certain que le cuivre est le métal le plus fréquent; il se trouve en très-grande quantité dans les provinces du Sous et de l'Oued Noun, et dans celle de Rhamna au nord de Maroc.

Les indigènes travaillent aux environs de Taroudant les minerais les plus riches et se servent du cuivre obtenu pour la fabrication des ustensiles de cuisine.

Mouette signale au dix-septième siècle l'exportation de cuivre en barres, faites en mode de briques, et d'étain. Là encore un vaste champ sera ouvert à la science et à l'industrie le jour où le Sultan permettra qu'on s'occupe de cette question.

J'ai parlé de l'état des chemins du Maroc, des difficultés pour les navires d'aborder dans ces rades ouvertes à tous les vents. Les positions des deux grands centres de l'intérieur, Fez, ville de quatre-vingt mille âmes environ, et Maroc, ville de cinquante mille âmes, permettent de tracer une esquisse du premier réseau de chemin de fer à la fois stratégique et commercial qu'il y aura lieu d'établir un jour pour relier ces villes à leurs ports naturels.

Fez devrait être reliée à Tanger, d'une part; à Oudjda, Tlemcen et Oran, d'autre part; Maroc à Mogador et à Mazaghan. L'établissement de ce premier réseau, offrant un développement de mille kilomètres environ, ne présenterait pas de grandes difficultés. La voie serait en plaine assez unie sur presque tout le parcours; les cols qu'elle aurait à franchir sont d'une assez faible altitude, et la traversée seule des rivières et de leurs affluents, à sec en été, mais qui en hiver peuvent avoir des débits considérables, serait coûteuse à cause de la grande quantité de ponts qu'elle exigerait.

Comme ports, cinq principaux demanderaient tout d'abord l'établissement de digues ou brise-lames, afin de profiter des avantages de ces rades naturelles et de les transformer en ports entièrement sûrs.

Tanger, débouché principal du Rif, de Fez et du Rharb, par sa situation exceptionnelle sur le détroit, peut devenir un des premiers ports de la Méditerranée.

Casablanca, Mazaghan, Mogador et Agadir doivent également un jour, par les avantages de leur situation et la richesse des contrées limitrophes, prendre une grande extension ; aussi des travaux importants seraient-ils à exécuter sur ces divers points.

La réalisation de tous ces projets qui paraissent indispensables à une grande production et à de nombreux échanges, ne peut être que la conséquence d'une entente commune sur les intérêts généraux européens au Maroc, alors que le Sultan verra auprès de lui les divers représentants des Puissances.

Quant à notre politique, la politique française, si pour l'heure actuelle nous ne pouvons avoir que la politique du chien du jardinier, comme me le disait récemment un homme d'État, nous devons en tout cas, n'allant pas nous-mêmes au Maroc, empêcher qu'aucun peuple ne s'y établisse avant nous, et sauvegarder ainsi la liberté du détroit, notre colonie algérienne, et les intérêts de notre commerce présent et futur avec le

Maroc et Tombouctou, et montrer au besoin au Sultan et au Makhzen que si la France est la Justice, ce qu'ils savent déjà et ce qui les touche peu, elle est aussi la Force, ce qui les touchera davanta ge.

FIN.

NOTES COMPLÉMENTAIRES

A

RÉGIME DES PRINCIPAUX FLEUVES DU MAROC.

Le système montagneux de l'Atlas marocain et de ses ramifications a donné naissance à huit grands fleuves, qui sont : le *Sebou*, l'*Omm-el-Rbiah*, le *Tensift* et le *Sous* pour le versant océanien ; le *Drah*, le *Tafilet*, l'*Oued Guir* pour le versant du Sahara ; la *Moulouia* pour le versant méditerranéen.

J'ai décrit précédemment le Sebou. Je vais essayer de donner dans cette note un aperçu des autres grands fleuves du Maroc.

Omm-el-Rbiah. — l'Oued (fleuve) Omm-el-Rbiah n'est pas moins important que le

Sebou. Il prend naissance aux Ouled Zayane, dans le centre de l'Atlas, parcourt le Tadla, remonte au nord-ouest, servant de limite aux provinces de Chaouïa et du Doukala, jusqu'à Azémour, où il se jette dans l'Océan après un parcours de 700 kilomètres environ.

Il est très-encaissé, profond, a peu de largeur; ses eaux sont rapides et toujours limoneuses. Il a deux affluents qui sont aussi importants que lui-même : l'Oued-el-Abid et l'Oued Técaout.

Le débit total de l'Oued Omm-el-Rbiah le 31 mai 1885 était de 148 mètres cubes à la seconde, avec une largeur au plan d'eau de 52 mètres. Le 3 août, son débit n'était plus que de 50 mètres cubes, et l'on peut fixer à 40 mètres cubes son débit d'étiage minimum, fin septembre. Son débit de crue forte peut aller jusqu'à 1,600 mètres cubes.

L'Oued Omm-el-Rbiah est encaissé sur presque tout son parcours entre des collines qui ont de 30 à 80 mètres d'altitude. Son lit est semé de rochers.

Les berges du fleuve sont composées de poudingues et de cailloux roulés qui ont un diamètre énorme en quelques endroits, et qui donnent une idée du travail de la rivière aux époques géologiques.

La barre de l'Omm-el-Rbiah est à marée basse complétement ensablée, comme j'ai pu le voir, et Azémour est depuis deux siècles fermée aux communications maritimes.

A partir d'Azémour, la rivière a une profondeur moyenne de 2 mètres sur 30 kilomètres, à partir desquels commencent les bancs de sable et de rochers.

Les gués sont nombreux en été, mais néanmoins toujours d'un passage difficile. En hiver, on est forcé de traverser la rivière en barque.

Les barques se trouvent au Mechra Ben Kralou chez les Beni Meskin sur la route de Rabat à Maroc. Il n'y a qu'un pont qui se trouve dans le cours supérieur de l'Oued Omm-el-Rbiah près de la Kasbah du Tadla.

On pêche en hiver dans cette rivière des aloses réputées les meilleures du Maroc. Leur affermage s'élevait autrefois à cinquante mille francs.

L'Oued-el-Abid, très-encaissé, peu large, très-profond, rapide, a un régime analogue à celui de l'Omm-el-Rbiah. Ses eaux sont limoneuses, rouges.

Il avait le 3 juin 1885 un débit de 42 mètres cubes à la seconde, avec une largeur de 40 mètres et une vitesse à la surface de $1^m,50$. Les crues sont considérables, et ses eaux ne tarissent jamais. Il prend naissance au Djbel Ntifa, où se trouve un pont sur son cours.

Le Técaout a une pente énorme, qui, le 2 juin, donnait à ses eaux une vitesse de 4 mètres à la seconde, avec une simple hauteur d'eau de $0^m,80$. Son débit ce jour-là était de 45 mètres cubes. Mais il y a, au dire des indigènes, un jour de l'année, dans le courant du mois d'avril, où son débit, d'après les calculs que j'ai pu faire sur place, peut aller jusqu'à 800 mètres cubes. Sa largeur est alors de 150 mètres. En septembre, son débit diminue et doit être de 10 mètres cubes seulement.

La vitesse vertigineuse de ses eaux rend en toute saison le passage de cette rivière difficile et dangereux. Son affluent principal, l'Oued-el-Akder, participe à son régime. Le Técaout a des eaux d'une couleur brune rougeâtre.

Cette pente énorme et le peu de profondeur de la rivière ont permis aux Arabes d'en capter les eaux pour les irrigations. Plus de trente canaux d'arrosage dérivent 12 mètres cubes d'eau du Técaout ou de l'Oued-el-Akder.

Sans aucune espèce de digue ou d'épi, les Arabes effectuent une tranchée dans la berge qui aboutit à la rivière, creusent un canal d'un mètre de largeur, et la pente de la plaine est telle qu'après deux kilomètres, l'eau dans le canal est au niveau des terres à arroser.

L'établissement des canaux, la distribution des eaux qui s'effectue sans vannage ou module, tout est fait grossièrement, sans règle, sans art et sans proportion avec l'effet à produire. Mais l'étude de ces travaux prouve l'importance qu'attache l'Arabe à l'utilisation de l'eau, quand il est en puissance de le faire.

Tensift. — L'Oued Tensift est plutôt un colateur établi sur la ligne des points bas entre l'Atlas et le plateau de Doukala qu'une rivière. Elle prend naissance, non dans les montagnes du Grand Atlas, mais dans les collines du Djebilet dans le Rhamna, au nord-est de Maroc.

Les sources sont peu abondantes en été, mais cette rivière a une grande importance, car ses affluents drainent l'Atlas septentrional, depuis Sidi Rahal jusqu'à Siksaoua, sur 200 kilomètres.

La Tensift passe près de Maroc, coule est-ouest et va se jeter dans l'Océan entre Saffi et Mogador.

Cette rivière a sa barre entièrement ensablée en été, comme j'ai pu le constater. Elle était navigable autrefois, et les vaisseaux arrivaient jusqu'à la Casbah Ben Ami Douch, aujourd'hui abandonnée, sur la rive gauche. J'ai vu dans cette Casbah cinq grands silos maçonnés fort bien construits. Cette localité, autrefois appelée Gouz, était l'ancien port d'Armat Ourika, ville très-florissante de l'Atlas sous les Almohades. On voit en outre, un peu au nord de l'embouchure de la Tensift, près de la mer, un château portugais également abandonné nommé Soueïra Quedime, et qui prouve l'importance antérieure de cette rivière.

La Tensift a un débit d'étiage très-faible que j'ai pu évaluer, à une dizaine de kilomètres de la mer, à 1 mètre cube à la seconde. L'eau qui devrait lui arriver par les torrents de l'Atlas est absorbée par les sables ou par quelques canaux d'irrigation.

Ses affluents les plus importants sont tous sur la rive gauche. Ce sont :

1° L'Oued Armat, qui le 8 juin charriait un volume d'eau de 15 mètres cubes à la seconde.

2° L'Oued-el-Hajar, qui passe près de Maroc, à sec en été, très-important en hiver.

3° L'Oued Nfis, qui le 14 juin avait un débit de 12 mètres cubes, mais qui au commencement d'avril, au moment de la fonte des neiges, occupe un lit de 150 mètres de large et débite pendant près de dix jours un volume de 700 mètres cubes.

4° L'Oued-Aficelma, dont la source est à Toucka.

5° L'Oued-Chichaoua.

Plus de quarante torrents, à sec en été, vont se jeter en hiver dans la Tensift.

Sur l'Oued-Nfis se trouvent huit canaux d'arrosage ; sur l'Oued-Aficelma, deux; sur l'Oued-Armat, quatre.

Il n'y a qu'un seul pont sur la Tensift près de Maroc, sur la route de Maroc à Mazaghan.

Oued-Sous. — La partie de l'Atlas située près de la mer dans la région du cap Guer, est drainée par deux fleuves assez importants en hiver : l'Oued-Aït-Tamer, qui reçoit lui-même l'Oued-Ida-ou-Ziki, et l'Oued-Tamerakt, qui vient de Tacedart. Ces deux artères ont des étiages d'un à deux mètres cubes pris par les irrigations.

L'Oued-Sous joue le rôle de la Tensift pour l'Atlas méridional. En hiver, pendant une vingtaine de jours, son débit est de 800 mètres cubes à la seconde; à cette époque, la largeur de son lit est de 250 mètres, et la profondeur de ses eaux de 2 mètres.

En été, son débit d'étiage, tel que j'ai pu

l'évaluer au mois de juillet, est de 3 mètres cubes à la seconde.

L'Oued-Sous passe près de la ville de Taroudant et fournit l'eau à deux grands canaux d'arrosage situés en aval de cette ville.

Ses affluents sont peu importants; le plus considérable sur la rive droite serait l'Oued-Ouled-Taïma.

Il charrie beaucoup de limon; sa barre en été est complétement à sec. Les troubles apportés par l'Oued-Sous jaunissent en hiver l'Océan jusqu'à la baie d'Agadir située à une dizaine de kilomètres au nord de son embouchure.

Les courants généraux du sud entraînent au large toutes ces alluvions, et empêchent ainsi l'ensablement de la baie.

FLEUVES DU VERSANT SAHARIEN.

Trois grands fleuves du Maroc déversent leurs eaux dans le Sahara : le Drah, le Ziz et le Guir.

L'*Oued-Drah* pendant l'hiver arrive jusqu'à l'Océan; il peut néanmoins être considéré comme faisant partie du versant saharien; car pendant l'été, ses eaux se perdent dans les sables. Son parcours est de 1,200 kilomètres environ.

Une des sources de l'Oued-Drah se trouve au même massif de l'Atlas qui donne naissance dans d'autres versants aux Oueds-Nfis et Sous.

Pendant l'hiver, l'Oued-Drah forme un grand lac, le Debaïa, au sud-est d'Akka.

L'*Oued-Ziz* est la rivière du Tafilet; ses eaux se perdent dans une sebkha à deux journées de l'anciene Sejelmena.

L'*Oued-Guir* se perd également dans une sebkha; son bassin d'alimentation est considérable. C'est un affluent de l'Oued-Guir qui draine Figuig.

Ces trois fleuves : l'Oued-Drah, l'Oued-

Ziz et l'Oued-Guir, déterminent la région des oasis. Leurs eaux sont captées en grande partie pour l'irrigation des dattiers, et des cultures telles que l'orge, la luzerne et le henné.

Je n'ai pu avoir aucun renseignement précis me permettant de fixer le régime de ces fleuves, qui doivent avoir des volumes d'eau analogues à ceux du Sous, du Técaout et du Nfis, rivières qui jouent pour le versant septentrional de l'Atlas le rôle de ces trois fleuves du Sahara pour le versant méridional.

LA MOULOUIA.

La *Moulouia* est la seule artère qui, s'échappant du massif central, arrive à la Méditerranée. Son cours est tout entier dans le Maroc.

Elle prend naissance près de Kesali-Cheurfa, coule sud-nord à travers des contrées pour la plupart stériles, et se jette à la mer, un peu à l'est des îles Zaffarines.

Elle a un développement probable de

450 kilomètres. Le débit d'étiage de la Moulouia, que j'ai pu étudier le 16 septembre, était de 20 mètres cubes avec une largeur de 40 mètres et une vitesse superficielle de 1 mètre à la seconde.

Les crues d'hiver durent vingt jours, et représentent alors un débit de 800 mètres cubes à la seconde, avec une largeur au plan d'eau de 200 mètres.

La pente de la Moulouia est très-rapide ; c'est ainsi que l'altitude de la rivière sur la route de Fez à Oudjda était de 250 mètres au-dessus du niveau de la mer, à moins de 200 kilomètres de son embouchure.

Cette rivière est peu encaissée. Ses berges sont sablonneuses, couvertes de tamarix. Les plaines qui l'entourent sont caillouteuses, incultes, et demanderaient pour être mises en valeur des travaux d'arrosage et de colmatage.

Il s'est passé dans cette région suivant toute apparence un phénomène analogue à celui qui a eu lieu en Provence et qui a donné naissance à la Crau. Il est fort probable que c'est la Moulouia elle-même qui a formé ce désert dit : « El-Jell. »

Il n'y a aucun pont sur la Moulouia. En été le passage est facile.

Ses affluents sont sur la rive droite : le Mulullo et l'Oued-Za ; sur la rive gauche : l'Oued-Msom.

J'ai vu un canal entièrement ensablé qui dérivait, il y a un siècle, les eaux du Mulullo pour alimenter la casbah de Moule-Ismaël dans le désert de Jell.

L'Oued-Za avait le 17 septembre un débit de 4 mètres cubes à la seconde, avec une largeur de 50 mètres. Les eaux sont dérivées pour l'arrosage des oliviers et des maïs.

Pendant l'hiver, les crues de l'Oued-Za, au dire des indigènes, seraient d'un jour seulement, mais très-fortes. Celles de l'Oued-Msom dureraient trois jours. Le débit d'étiage de l'Oued-Msom n'est que d'un demi-mètre cube à la seconde.

La vie dans cette région s'est concentrée presque tout entière près des bords de ces trois rivières, et principalement sur les rives de la Moulouia et de l'Oued-Za.

OUEDS EL-KHOS ET KHAROUB.

Ces deux rivières, l'Oued-el-Khos et l'Oued-Kharoub, appartiennent à deux bassins particuliers situés au nord du Sebou.

Ayant eu l'occasion d'en évaluer l'importance, je leur consacrerai quelques lignes.

L'Oued-el-Khos prend sa source dans le Djebel-Chaoun, passe près d'Alcazar, qu'il laisse sur sa rive droite, et va se jeter dans l'Océan près de Larache.

L'Oued-el-Khos avait le 30 mars au gué d'Alcazar un débit de 44 mètres cubes à la seconde, avec une largeur de 46 mètres et une profondeur de 1 mètre. Son étiage est de 2 mètres cubes, et ses crues fortes de 510 mètres cubes, avec une hauteur d'eau de 5 mètres et une largeur de 50. Lors de ses crues fortes, il inonde les basses plaines. Cette rivière est assez encaissée.

Son affluent le plus important est sur la rive droite, en aval d'Alcazar, l'Oued-Mkhacen, qui vient du Djebel-Sérif, et qui reçoit lui-même l'Oued-Ouarour.

En hiver, sauf au moment des crues fortes, on peut le traverser à gué en deux endroits : au gué (mechra en arabe) d'Alcazar, et au Mechra-Nedjma situé en aval à une quinzaine de kilomètres.

L'*Oued-el-Kharoub*, situé entre l'Oued-el-Khos et le détroit de Gibraltar, vient du Djebel-el-Habib, coule du sud-est au nord-ouest, a un développement probable de 130 kilomètres.

Son débit le 26 mars était de 17 mètres cubes, avec une largeur de 20 mètres et une hauteur d'eau de 0ᵐ,90. Son débit d'étiage est de 800 litres environ, et son débit de crue forte de 48 mètres cubes, avec une hauteur d'eau de 2 mètres.

Il reçoit sur sa rive droite l'Oued-Mahrar, qui vient du Trick-Staoui.

Il se jette à la mer près de Tahadert, l'ancien port romain de Mercuri, aujourd'hui ensablé.

La plaine d'alluvion de l'Oued-el-Kharoub a une largeur moyenne de 4 kilomètres; elle est composée d'une terre forte bien cultivée.

LES LACS RAS-EL-DOURA ET SIDI-BOU-SALEM.

Le lac (en arabe Merjah) *Ras-el-Doura* est au nord de Méhédia. Il s'étend parallèlement à l'Océan sur une longueur de 30 kilomètres; sa largeur moyenne est de 2 kilomètres. Il est isolé de la mer par un isthme rocheux.

Ce lac a une profondeur moyenne de

1 mètre en hiver. Pendant l'été il est quelquefois complétement à sec.

La Merjah Ras-el-Doura, sans issue vers la mer, communique dans les années pluvieuses avec le Sebou ; elle est alimentée par les eaux de l'Oued Mda, rivière qui vient du Djebel (montagne) Aioun, situé à 40 kilomètres environ du lac. Un bourrelet situé à 10 kilomètres sud de la rivière, à la hauteur de la Kobba de Sidi Baraoui, isole, dans les temps de sécheresse, la partie nord du lac de la partie sud, qui ne forme qu'un chapelet de flaques plus ou moins desséchées.

Les eaux ne peuvent être utilisées, à cause de la proximité de la mer et de la faible altitude du lac.

La Merjah de Sidi-Bou-Salem comprise entre l'Oued-el-Khos et la Merjah Ras-el-Doura a une longueur nord-sud de 13 kilomètres sur une largeur de 3 kilomètres. Son émissaire l'Oued Sidi-Bou-Salem, de

500 mètres seulement de développement, la met en communication avec la mer.

La Merjah est alimentée par l'Oued-el-Hadar, qui vient du Djebel Ouled Ahmar, au nord-est, à environ 40 kilomètres. Cette rivière avait le 4 avril un débit de 19 mètres cubes à la seconde et une profondeur de 2 mètres au Mechra-El-Hadar. Ces crues peuvent durer trois jours, pendant lesquels la rivière n'est pas guéable.

Sur le côté est de la Merjah de Sidi-Bou-Salem on peut voir les ruines de la vieille Mamora, port autrefois important. Les ensablements dont j'ai donné plus haut l'origine rendent actuellement le passage impossible aux bateaux.

CONCLUSION.

Il résulte de cette étude de détail que tous les cours d'eau marocains sont intéressants comme débit.

Bien qu'à régime torrentiel, plusieurs

d'entre eux conservent en été des étiages sérieux.

Les trois grandes artères du versant septentrional de l'Atlas : le Sebou, l'Oued Omm-el-Rbiah, la Moulouia, ont en hiver en moyenne un débit total de 4,000 mètres cubes à la seconde, et en été un débit total de 100 mètres cubes à la seconde.

Ces chiffres méritaient d'être mentionnés tout spécialement.

B

ITINÉRAIRE DE FEZ A OUDJDA.

Je donne quelques détails sur la route de Fez à Oudjda à cause de son importance stratégique et commerciale.

C'est en effet la grande voie de communication de l'Algérie avec le Maroc.

J'ai suivi le chemin des caravanes, qu'avaient pris quelques années auparavant trois voyageurs : M. Colville, capitaine anglais, le comte de Chavagnac et le vicomte de Foucault, le savant et héroïque explorateur du Maroc.

J'ai voyagé avec un caïd du Makhzen qui prenait avec lui une escorte de deux cavaliers dans les tribus disséminées sur la route.

La route ne présente de danger qu'aux

environs de Théza, ville qu'on laisse au sud, à cause des tribus pillardes des Riata.

La distance approximative de Fez à Oudjda est de 320 kilomètres. La direction générale est nord-nord-est.

10 septembre. — Départ de Fez. On descend jusqu'au Sebou, que l'on traverse sur un pont à huit arches. On longe la rivière, rive droite, pendant 2 kilomètres environ. La route gravit des collines déboisées; on laisse à droite Ouk-el-Djemel (le gosier du chameau) et à gauche le Djebel Zale. On arrive au Douar des Ouled Hadj, sur une hauteur, à 10 kilomètres de Fez.

11 septembre. — On quitte le Douar des Ouled Hadj. La route passe à travers des collines déchiquetées par les pluies; la montée est difficile. Elle mène à un haut plateau que l'on traverse pendant 5 kilomètres. On franchit un ravin où se trouvent des efflorescences salines. On passe près d'un jardin de figuiers et d'oliviers et près d'un grand village de 50 gourbis où se trouve une enceinte murée, habitation du caïd ; c'est le dernier village des Ouled Hadj.

On est sur le territoire des Haïana ; on voit dans le bas-fond l'Oued Yenahoun, que l'on atteint rapidement ; on remonte la rivière pendant deux kilomètres. On la traverse à gué. L'Oued Yenahoun est un affluent du Sebou ; il a sa source à Aïn Zora ; il avait le 11 septembre une largeur de 10 mètres, une profondeur de $0^m,80$ et une vitesse à la surface de 1 mètre ; de gros cailloux se trouvent sur ses bords. A 3 kilomètres de la rivière Kobba de Ben Ahmed. On monte, on laisse à gauche un village de 14 gourbis. On arrive au Douar Roual, où se trouvent, un Amin (chef), une dizaine de gourbis et un bouquet d'oliviers.

Distance parcourue dans la journée, 35 kilomètres.

12 septembre. — A 2 kilomètres de Aïn Tsomats, trois sources au pied d'un coteau ; on voit les cimes neigeuses du Djebel Riata. A 5 kilomètres, jardin d'oliviers et Douar de Laberja. A 10 kilomètres, source. On suit une ligne de niveau. A 13 kilomètres, Kabylie de 15 gourbis. On gravit une colline dominée par un village commandé par un Cheick fanatique, où se trouve un bois d'oliviers.

Distance parcourue, 25 kilomètres.

13 septembre. — Après 5 kilomètres se trouve la limite des Haiana : on entre dans la province de Tecoul. On arrive au Sok-el-Hadd, grand marché du lundi, qui se tient près d'un torrent allant au sud-est. On suit un défilé de 4 kilomètres. On gravit une montagne dont le point culminant est de 800 mètres environ au-dessus de la mer.

Les villages sont rares, les croupes des montagnes sont dénudées, le pays est désert.

On passe près d'une source et l'on arrive au Douar du Caïd Moktar Bel Ali. Il y a dans le village une dizaine de gourbis, des vignes et quelques jardins. Ce village est à environ 700 mètres d'altitude au-dessus de la mer, il domine la vallée de l'Oued-el-Hadar.

Distance parcourue, 30 kilomètres.

14 septembre. — La descente vers l'Oued-el-Hadar est difficile. L'Oued-el-Hadar passe près de Théza; il vient du Djebel Si Ali Ben Daoud et va se jeter dans l'Oued Yenahoun. Il avait un débit le 14 septembre de 1 mètre cube à la seconde. Il ne tarit jamais, au dire des indigènes. Beaucoup de lauriers-roses sur ses bords.

On entre dans le territoire de Meknessa. On suit la rivière et l'on arrive à la kasbah du cheick Abdallah, 40 gourbis, une enceinte murée sur la rive droite de l'Oued-el-Hadar, à 300 mètres d'altitude environ.

On traverse la rivière, on monte, on franchit un col de 700 mètres, on voit le grand village de Meknessa quand on est parvenu à la Kobba de Sidi Lehal.

Distance parcourue, 25 kilomètres.

Meknessa est le plus gros village de la route. Il a 800 habitants. Meknessa est sur la rive droite d'un torrent, Larba, qui a fort peu d'eau. Le Cheick est Ben Jadi. Les Arabes y sont très-fanatiques. Le Caïd de tout le territoire de Meknessa réside à Théza. Le marché se tient à Meknessa le mercredi — Sok-el-Arba.

15 septembre. — On gravit une colline élevée, on passe près d'un jardin d'oliviers, la montée est penible, on franchit un col de 700 mètres environ qui sépare le bassin du Sebou de celui de la Moulouia. Les terres ne sont pas cultivées. On y aperçoit un peu d'alfa. On voit au loin Théza et ses jardins que l'on laisse au sud.

A 18 kilomètres de Meknessa, un grand

village de 100 tentes. Plaine accidentée, à droite un piton isolé de forme remarquable. On atteint l'Oued Msom, rivière qui n'a que fort peu d'eau, les berges sont schisteuses. On arrive à la Kasbah du Caïd Ahmor sur la rive gauche de l'Oued Msom, à un kilomètre de la rivière.

Distance parcourue, 30 kilomètres.

16 septembre. — Plaine unie, terrain pierreux, inculte. On suit la vallée de l'Oued Msom. On coupe l'Oued Msom deux fois. On laisse la rivière à gauche. On entre dans le désert de El Jell, qui dure jusqu'à la Moulouia.

On passe près de la Kasbah Moule-Ismaïl. On laisse à droite le chemin de Debdou. On voit à gauche les Djebels Msgout et Ghilliz. Il n'y a aucune source, aucun puits. On atteint la Moulouia, sur ses bords se trouve la Kobba de Sidi-Abd-el-Raman et une Kasbah ruinée. On traverse la Moulouia, on la remonte pendant 3 kilomètres pour arriver à un Douar de 50 tentes.

Distance parcourue, 50 kilomètres.

17 septembre. — On remonte la Moulouia pendant 2 kilomètres jusqu'à la Kobba de Sidi Abdallah. On laisse la Moulouia à gauche et l'on parcourt la plaine dite de Gattara chez les Hallaf. On voit à gauche au premier plan le Djebel Ghilliz, le Djebel Msgout et en arrière de ces montagnes le Djebel Kisker, où se trouve une Zaouia de Cheurfa. A 15 kilomètres, on franchit l'Oued-el-Abid, petit torrent. Le terrain est toujours pierreux, la route se rétrécit ; le pays est désert. On voit au loin les constructions établies près de l'Oued Za.

A 35 kilomètres de la Moulouia, on arrive à l'Oued Za.

Aux abords de cette rivière se trouvent de beaux jardins de figuiers et d'oliviers, une centaine de tentes, et les ruines de deux Kasbahs qui au siècle dernier avaient beaucoup d'importance; près de la rivière, de beaux champs de maïs bien arrosés.

18 *septembre*. — On traverse l'Oued Za. On laisse à gauche le chemin de Garet et de Melilla; la direction est franchement est. Le pays est en plaine et n'est pas cultivé. On traverse plusieurs torrents desséchés. A 35 kilomètres, on franchit l'Oued Ksab, qui a un débit de 100 litres à la seconde. Près de cette rivière, un palmier. A 45 kilomètres de l'Oued Za, on arrive à la Kasbah Aïoun (des sources) du Caïd Larbi. C'est la dernière étape avant Oudjda. La Casbah comprend une quarantaine de gourbis.

19 *septembre*. — Plaine unie pendant 10 kilomètres, puis passage pierreux. On est dans le pays d'Angad, sans population et sans eau. A 40 kilomètres, jardin de cactus; une trentaine de tentes. A 45 kilomètres, l'Oued Isly, affluent de la Tafna; il roule de

gros cailloux et débite une centaine de litres à la seconde.

On voit à gauche, à 2 kilomètres, la Kobba de Sidi Ahmed Lenquili. On traverse une petite colline. On passe près de Aïn Sfa, et l'on voit Oudjda dans la plaine au milieu des oliviers.

50 kilomètres. Oudjda, ville de 4,000 habitants, avec de beaux jardins et plusieurs canaux d'irrigation.

Oudjda est à une dizaine de kilomètres de la frontière algérienne. La limite se trouve dans un bas-fond près d'un puits.

RÉSUMÉ.

La route de Fez à Oudjda comprend deux parties bien distinctes.

La première sur 120 kilomètres environ, accidentée, contenant plusieurs cols à franchir, où la population est assez abondante et l'eau également.

La seconde sur 200 kilomètres, tout entière dans le bassin de la Moulouia ou de ses affluents et de l'Oued Isly, se compose de plaines unies, incultes, désertes, et dans lesquelles la population ne se trouve qu'auprès des Oueds Msom, Moulouia et Za.

C

RENSEIGNEMENTS SUR LE COMMERCE ET LA POPULATION DES PRINCIPAUX PORTS DU MAROC.

TANGER

A trois heures de Gibraltar et six heures de Cadix par bateau à vapeur.

Tanger est la résidence des consuls et chargés d'affaires européens. C'est une ville de 14,000 âmes, dont 7,000 Juifs et 2,000 chrétiens.

C'est la ville la plus commerçante du Maroc. Elle alimente Gibraltar en poules, en œufs et en viande. Elle envoie dans cette ville près de 5,000 bœufs par an, au prix moyen de 150 francs.

Le port deviendrait excellent au moyen de quelques digues.

Tanger est le débouché principal du Rif, de Fez et de la province du Rharb.

Sa situation sur le détroit lui donne une grande importance.

Assise sur deux collines, elle est traversée par une grande rue, la rue du Soko, où se trouve la plus belle mosquée, la Djema-el-Kebira, dont le minaret seul, en briques émaillées, est assez remarquable.

Tanger a été construite sur les ruines de l'ancienne ville de Tingis.

M. Benchimol est le principal banquier de Tanger. Il est l'agent de toutes les grandes Sociétés de bateaux à vapeur de la Méditerranée; il est la providence des voyageurs français au Maroc.

Particularités. — Tanger possède deux excellents hôtels : Continental et Bruzzo; mais cette ville laisse à désirer au point de vue de l'éclairage, qui n'est que facultatif, et du pavage, qui est malheureusement obligatoire.

ARZILLA

Arzilla, l'ancienne Zilia, cité phénicienne, et ville importante lors de l'occupation portugaise; aujourd'hui ruinée. Le mouillage est mauvais. La cité contient 400 familles, dont 300 arabes et 100 israélites. Les fortifications sont d'origine portugaise.

Arzilla est à une bonne journée de Tanger au sud, et à une journée au nord de Larache.

Particularités. — L'auberge des Consulats réunis, tenue par Isaac Bencheton, agent consulaire d'Espagne, d'Angleterre, de Turquie et de Patagonie. Les frais de chancellerie laissant à désirer, le sieur Bencheton se rattrape sur les voyageurs.

Les habitants d'Arzilla montrent en outre avec un certain orgueil, sur un rocher, les vestiges d'un pied gigantesque, dernier souvenir de leur ancêtre, l'Atlantide.

LARACHE

Ville de 5,000 habitants, dont 400 Juifs et 50 Européens, établie à l'embouchure de l'Oued-el-Khos sur la rive gauche, en face de l'ancienne cité de Lixos (Tchemes en arabe), dont les ruines subsistent encore dans un coude de l'Oued-el-Khos sur la rive droite.

Larache fait un commerce assez important; les articles d'exportation sont les laines, les fèves, les pois chiches, l'alpiste, les lentilles, un peu de graine de lin, les cuirs, les peaux de chèvre et de mouton, un peu de poils de chèvre, du savon minéral (rasoul), la lavande et la volaille.

Ces articles s'exportent directement pour l'Europe. Presque toutes les laines vont en France.

Les sucres arrivent de France, la quincaillerie d'Allemagne et de France; les allumettes, les bougies sont marseillaises. Presque tous les sucres sont pour Fez et Mequinez.

La majeure partie des importations pour Fez passe par Larache, car le transport est d'un quart moins long que par Tanger.

La majeure partie des exportations de Fez passe par Tanger, car on craint la barre de la rivière, qui n'est accessible qu'aux bateaux de 100 tonneaux.

Les pêcheries sont exploitées par des Espagnols et des Portugais. Elles s'effectuent en avril et mai. Les principaux poissons pris sur cette côte sont la bonite et le maquereau.

Je dois ces détails à l'obligeance de M. de Laroche, agent consulaire de France à Larache depuis de longues années. L'hospitalité écossaise de M. de Laroche est célèbre dans la région.

MÉHÉDIA

Ancienne ville portugaise, aujourd'hui ruinée; construite sur une colline, à l'embouchure du Sebou, rive gauche. On peut y voir près de la rivière des restes de quai et de grands magasins d'origine portugaise.

Il n'y a plus à Méhédia que 400 Arabes qui sont les derniers survivants de la garde noire des Bokhari des anciens Sultans du Maroc.

Curiosités. — Le sable noir. Chaque année on envoie au Sultan comme cadeau un petit sac de sable noir que la rivière laisse à marée basse.

RABAT ET SALÉ

Rabat et Salé sont deux villes situées à l'embouchure du Bou Regreg, rivière qui vient du pays des Zaëres.

Rabat a une population de 12,000 habitants, et Salé, de 6,000 seulement.

Ce sont deux villes industrielles. Les principales industries sont la fabrication des tapis, des pantoufles et les tanneries.

La fabrication des tapis a pris beaucoup d'extension depuis quelques années; il y a dans les deux villes 50 fabriques donnant 4,000 tapis par an.

Les tanneries sont au nombre de 40, dont la moitié est affectée à la préparation des peaux de bœuf et les 20 autres à la préparation des peaux de chèvre et de mouton.

Le maroquin avec lequel ils fabriquent les pantoufles (en arabe *baboudj*) est bien inférieur au maroquin du Tafilet. Cela tient à ce qu'au Tafilet ils font usage d'eau douce mélangée de dattes pour le tannage des peaux de chèvre. A Rabat, au contraire, ils n'emploient pour cet usage que l'eau de mer.

Le nombre des ateliers de baboudjs est de 350. On exporte une grande partie des baboudjs; le reste est acheté par les Arabes qui vont à la Mecque et forme leur pacotille.

Une fabrication également importante est celle des poteries et des nattes. Les poteries sont grossières.

On emploie beaucoup de nattes à cause de l'humidité. Il y en a de trois espèces : la natte fine en paille de couleur; la natte demi-fine en paille de couleur; et la natte en paille ordinaire pour l'emballage des laines et le bardage des grains.

Le commerce de Rabat a beaucoup diminué depuis que Casablanca et Larache ont pris de l'extension.

Le chiffre des importations totales pour 1884 est de 1,396,000; celui des exportations, de 800,000. Ce qui fait en chiffres ronds un mouvement annuel de 2,200,000 francs, alors qu'il y a vingt ans le commerce total s'élevait à 4,000,000 de francs.

Les exportations principales sont les baboudjs, les tapis, les cuirs, les cires, les étoffes, les laines lavées ou en suint, les peaux et les graines.

Les importations sont surtout le thé et les tissus de coton qui viennent d'Angleterre, les bougies, les sucres, les épiceries qui viennent de France.

Les exportations de laine de Rabat ont diminué à cause de la fabrication des tapis qui a pris une grande extension; en outre, une partie des importations se fait par Casablanca et n'est pas enregistrée aux Douanes.

Il y a un commerce très-important entre Fez et Rabat, car la route, en plaine tout le temps, convient aux transports par chameaux, pour lesquels on redoute les rochers du Fhas, montagnes qui se trouvent entre Tanger et Alcazar.

Les Rabatins sont de bons menuisiers et charpentiers. Ils emploient le chêne de la forêt de la Mamora pour la construction des barcasses (grosses barques du pays), et le thuya de cette même forêt pour la confection des portes, tables, étagères et solives de plafond. Le thuya à l'ombre dure indéfiniment, il se fendille au soleil.

Je dois tous ces renseignements précis à l'obligeance de M. Ducors, agent consulaire de France à Rabat. M. Ducors connaît très-bien la langue et le caractère des Arabes, et se fait un vrai plaisir de fournir au voyageur tous les renseignements les plus détaillés sur les populations marocaines.

L'entrée de la rivière est difficile et accessible seulement aux bateaux à voile de faible tonnage; la barre se déplace et varie de position suivant la marée et la crue de la rivière.

Rabat est appelé par les Arabes le Pont du Maroc, parce que les caravanes et même le Sultan sont forcés de passer par cette ville, pour aller de Fez à Maroc, à cause des tribus insoumises des Zaëres.

Près de Rabat se trouve la tour d'Hassan qui formait le minaret inachevé d'une mosquée grandiose élevée par le sultan Yacoub el-Manzour. La tour d'Hassan est d'une architecture sévère et pure.

Près de la tour d'Hassan se trouvent les ruines de Chella, ancienne ville arabe, où l'on voit le tombeau du Sultan noir, au milieu de magnifiques jardins fruitiers bien arrosés. Chella avait été construite avec les matériaux de l'ancienne ville romaine, Sala, dont on peut voir encore quelques vestiges.

Curiosités. — Les blanchisseries de l'aqueduc. C'est en effet dans l'aqueduc qui alimente la ville de Rabat que les femmes arabes lavent le linge. On est tout étonné de voir arriver dans les fontaines de la cité des grumeaux de savon. C'est une habitude prise.

Je ne puis quitter Rabat sans adresser un souvenir à M. Le Guay, capitaine de zouaves, officier de la Mission militaire française au Maroc, détaché à Rabat.

Le capitaine Le Guay se livre à une étude approfondie du Maroc, et les longues conversations que j'ai eues avec cet aimable compatriote n'ont pas peu contribué à me donner des idées exactes sur ce pays.

CASABLANCA

Autrefois Anfa, aujourd'hui Casablanca, se prononce en arabe *Dar Beida*.

Ville de 6,000 âmes, dont 1,200 israélites et 300 catholiques.

C'est le débouché de la riche province de Chaouia.

Casablanca partage avec Mazaghan et Mogador le commerce de Maroc et du Demmat.

La rade est très-mauvaise.

Le principal article d'exportation est la laine, qui est de deux qualités : la première, Ourdighra, fournie par les Mezzab, Ourdighra et Tadla; et la deuxième, Beldia, fournie par les Chaouia. Ces qualités se déterminent par la longueur et la finesse de la toison.

En 1884, le chiffre des exportations de laine en suint pour la France était de 446,000 fr., et pour l'Angleterre de 83,000 francs.

Le chiffre des exportations de maïs en 1884 pour le Portugal était de 1,618,750 fr.

Celui des peaux de chèvre pour la France, de 505,000 francs.

Celui des importations de sucre de France 450,000 fr.; celui des cotonnades anglaises, 1,292,000 fr., et du thé anglais, 214,500 fr. Le chiffre des exportations totales était de 4,506,363 francs.

Et celui des importations, de 3,726,903 fr.

C'est la seule ville où le commerce français peut contre-balancer le commerce anglais.

M. Cravery, vice-consul de France, et M. Canepa, agent général de la Compagnie Paquet, m'ont fourni avec beaucoup d'obligeance les statistiques intéressantes qu'ils ont établies sur le commerce général du pays.

Casablanca fabrique beaucoup de tapis,

qui sont moins estimés que ceux de Rabat, à cause de l'emploi des couleurs d'aniline.

Curiosités. — Hamze Club (le cercle des pois chiches), ainsi nommé à cause de l'abondance de cette sorte de grain dans les environs de la ville. C'est le seul cercle du Maroc.

MAZAGHAN

Mazaghan (en arabe Djedida) est une ville de 5,000 habitants, dont 1,200 israélites et 150 Européens.

Elle est construite sur une presqu'île au fond d'une baie spacieuse en carré de 250 mètres de côté, entourée de fossés où il y a, par les fortes marées, jusqu'à 3 mètres de hauteur.

Elle pourrait former une rade très-sûre au moyen d'une digue abritant le port des vents du nord-ouest qui sont le plus à redouter en hiver.

Mazaghan est le débouché du Doukala et d'une partie de Maroc. Les chameaux vont en quatre jours de Mazaghan à Maroc.

Son commerce est presque en totalité entre les mains de négociants anglais. Toutefois, M. Brudo, Français, et bon Français, fait des affaires assez importantes, et il est le principal agent des maisons françaises, en particulier de la maison David de Léon Cohen de Marseille, qui fait un grand commerce, depuis de longues années, avec tous les ports du Maroc et les grandes villes de l'intérieur.

Le commerce de Mazaghan est en décroissance. Le chiffre des importations en 1883 était de 3,312,500 francs, et celui des exportations de 2,940,000 francs.

Les exportations comprennent les fèves, les pois chiches, les laines du Doukala peu estimées, 11,000 quintaux à destination de l'Angleterre, 1,000 quintaux de cire, 1,000 quintaux de henné pour Oran et Tunis, les peaux de chèvre de la province de Rhamna et les aloses de l'Oued Omm-el-Rbiah pour Oran et Tanger.

Particularités. — Il y a à Mazaghan deux charrettes. Aux environs de la ville, on voit de belles plantations de henné, beaucoup de puits à noria qui servent pour l'irrigation de cet arbuste. On a extrait, il y a vingt ans, du henné une couleur remarquable connue sous le nom de noir d'Afrique.

SAFFI

Ville de 8,000 âmes, dont 3,000 Juifs et 60 chrétiens.

Saffi est le débouché de la province de l'Abda. La rade, abritée des vents de nord-ouest par le cap Cantin, donne un assez bon mouillage. Quelques rochers rendent par le mauvais temps les communications difficiles entre la ville et les bateaux à vapeur, mais à 20 mètres du bord, la profondeur de l'eau dépasse trente pieds.

Le commerce de Saffi se développe. Il est à peu près en totalité entre les mains de deux maisons anglaises, Butler et Hunot Yule. Ce commerce se compose pour les exportations, de fèves, maïs, pois chiches, peaux et poils de chèvre, cire, un peu d'huile de Demnat.

Pour les importations : le sucre (trois quarts français et un quart anglais), bougies, thé et cotonnades.

Le chiffre des importations s'élevait en 1884 à 1,064,000 francs, dont 500,000 fr. de sucre et 300,000 francs de tissus.

Le chiffre des exportations, de 1,669,630 fr., dont un million de maïs pour l'Angleterre, 200,000 francs de peaux de chèvre pour la France, 300,000 francs de gomme pour l'Angleterre.

Ces renseignements m'ont été fournis par

M. Amar, un compatriote distingué et fort obligeant, agent consulaire de France.

Saffi, ville commerçante, devient également une ville industrielle ; on fabrique beaucoup de poteries et de haïks.

Le miel de Saffi est renommé. La race des chevaux de l'Abda a beaucoup dégénéré depuis quelques années, à cause des vols des caïds.

Particularités. — Un refuge pour les voleurs et les assassins. Il se trouve en effet tout un quartier de la ville qui a ses remparts, sa Kobba et une administration spéciale où ne peuvent être poursuivis les malfaiteurs quels qu'ils soient.

MOGADOR

Mogador (en arabe Soueïra) tire son nom du Marabout de Sidi Megdoud, situé au sud de la ville ; a été construite par l'ingénieur français, Cornut, au siècle dernier. Le port formé par un canal entre la terre et l'île de Mogador est un des meilleurs de la côte.

Ville de 14,000 âmes, dont 8,000 Juifs et une centaine de chrétiens.

Son commerce, autrefois de plus de 16 millions, a beaucoup diminué depuis le développement de Casablanca. Il est actuellement de 8 millions seulement. En 1881, le chiffre total des importations et exportations était de 8,357,552 francs, en 1882 de 9,244,625 et en 1883 de 7,348,015.

Mogador est le débouché principal de Maroc, du Demnat et de la province du Sous, dont Agadir serait le port naturel.

Mogador est aussi le pays de cocagne pour le voyageur, grâce à la parfaite amabilité du consul de France, M. Lacoste, esprit fort distingué et bienveillant, et de M. Jacquety, négociant français, un des hommes qui connaissent le mieux le Maroc.

Les exportations comprennent : 1,000 tonnes d'amandes, 100 tonnes de cire, les sandaraques, les plumes d'autruche, l'huile d'olive, un peu de sparterie, la poudre d'or, 50 kilos environ.

Particularités. — Les boutiques de changeurs : l'ouquia vaut environ un sou; or, l'ouquia, quatre mozzons; la mozzon, six fluz; le fluz, douze fels. En échange d'un sou, on reçoit un sac de fels.

D

LA MINE D'ARGENT DES GONDOFI.

En 1877, Roberton, capitaine anglais, avait organisé une mission dans le Grand Atlas, à l'effet d'étudier les richesses minières de ces montagnes.

Retenu prisonnier à deux jours de Maroc, à Moula Ibrahim, son interprète seul, M. Grant, a pu, déguisé en Arabe, aux périls de sa vie, se rendre jusqu'à la mine d'argent des Gondofi, exploitée par le Cheick Hassin Amo.

Cette mine est située à trois jours de Moula Ibrahim dans la montagne, probablement près des sources de l'Oued Sous.

M. Grant y est resté huit jours enfermé dans la maison du Cheick. Il pouvait entendre chaque nuit le travail des pioches effectué dans la mine par les Juifs.

Le minerai est très-riche et à fleur du sol. Le Cheick Hassin Amo, entièrement indépendant du Sultan, et seul possesseur de la mine, aurait une fortune colossale. De l'échantillon qu'a rapporté M. Grant, de Gondofi, on a pu extraire 70 francs d'argent.

Le capitaine Roberton est mort trois jours après avoir quitté le Maroc, en 1877, en Espagne, et dans sa dernière lettre à M. Grant datée de Gibraltar, la veille de sa mort, il manifestait la crainte d'avoir été empoisonné.

Les divers échantillons qu'il avait pu se procurer ont été analysés en Angleterre. On y a trouvé les métaux suivants : nickel, fer, cuivre, argent, antimoine, étain et plomb.

Certains minerais de cuivre des environs de Taroudant ont donné à l'analyse jusqu'à 60 pour 100 de cuivre.

Le nickel se trouvait dans beaucoup d'échantillons.

FIN DES NOTES.

TABLE DES MATIÈRES

I. Le sultan et le makh 1

II. L'instruction au Maroc. 9

III. Les travaux publics. 15

IV. Système financier 21

V. La noblesse religieuse au Maroc. 26

VI. Les titres honorifiques au Maroc. 34

VII. Les Juifs. 38

VIII. Les esclaves. 44

IX. Famines. 48

X. Le thé et la monna. 53

XI. Le Dereb Jenoun. 58

XII. La fantasia. 62

XIII. Les ruines portugaises. 67

XIV. Les dieux du Maroc. 70

TABLE DES MATIÈRES.

XV.	La plus belle cloche du Maroc.	74
XVI.	Où je deviens médecin.	78
XVII.	Le pays de cocagne.	84
XVIII.	Le sore.	88
XIX.	Moula-Yacoub.	92
XX.	Le rekas.	97
XXI.	Le khammès.	100
XXII.	Le vin kachir.	108
XXIII.	L'argan, le maïs et le henné.	111
XXIV.	Une méprise.	118
XXV.	Le commerce du Maroc.	121
XXVI.	Le budget du Sultan.	127
XXVII.	Des conséquences du déboisement au Maroc.	133
XXVIII.	L'utilisation des fleuves du Maroc.	142
XXIX.	L'amour paternel chez les Arabes.	151
XXX.	Un jour de marche.	155
XXXI.	Une aventure dans le Sous.	167
XXXII.	Maroc et Tombouctou.	180
XXXIII.	L'avenir du Maroc.	185

NOTES COMPLÉMENTAIRES.

A. Régime des principaux fleuves du Maroc. . . . 199

B. Itinéraire de Fez à Oudjda. 219

C. Renseignements sur la population et le commerce des principaux ports du Maroc. . . . 230

D. La mine d'argent des Gondofi.. 250

PARIS.—TYP. DE E. PLON, NOURRIT ET Cⁱᵉ, RUE GARANCIÈRE, 8.

A LA MÊME LIBRAIRIE :

Un été dans le Sahara, par Eugène FROMENTIN. 8ᵉ *édition*. Un vol. in-18. Prix. . . . . 3 fr. 50

Une année dans le Sahel, par Eugène FROMENTIN. 4ᵉ *édition*. Un vol. in-18. Prix. . . . . . . 3 fr. 50

Le Sahara. Souvenirs d'une mission à Goléah, par Auguste CHOISY. Un vol. in-18 jésus. Prix. . . . . . 3 fr. 50

Sahara et Laponie, par le comte E. GOBLET D'ALVIELLA. 2ᵉ *édition*. Un vol. in-18, avec gravures. Prix. 4 fr.

Niger et Bénué, *Voyage dans l'Afrique centrale*, par Adolphe BURDO. Un vol. in-18, carte et gravures. 4 fr.

L'Afrique centrale. Expéditions au lac Victoria-Nyanza et au Makraka Niam-Niam, à l'ouest du Nil Blanc, par le colonel CHAILLÉ-LONG. 2ᵉ *édit*. In-18, avec grav. 4 fr.

L'Afrique équatoriale : Gabonais, Pahouins, Gallois, par le Mⁱˢ DE COMPIÈGNE. 2ᵉ *édition*. In-18, grav. 4 fr.

L'Afrique équatoriale : Okanda, Bangouens, Osyéba, par le Mⁱˢ DE COMPIÈGNE. 2ᵉ *édition*. In-18, grav. 4 fr.

Voyages, Chasses et Guerres, par le Mⁱˢ DE COMPIÈGNE. Un vol. in-18. Prix. . . . . 3 fr. 50

Une mission en Abyssinie et dans la mer Rouge (23 mai 1859-7 mai 1860), par le comte Stanislas RUSSEL. Un vol. in-18. Prix. . . . . 3 fr. 50

Aux Pays du Soudan. *Bogos, Mensah, Souakim*, par DENIS DE RIVOIRE. In-18, avec carte et gravures. 4 fr.

Voyage aux îles Fortunées : le Pic de Ténériffe et les Canaries, par Jules LECLERCQ. Un vol. in-18. 3 fr.

En Asie centrale : Du Kohistan à la Caspienne, par G. BONVALOT. Un vol. in-18, avec carte et grav. 4 fr.

En Asie centrale : De Moscou en Bactriane, par G. BONVALOT. Un vol. in-18, avec carte et grav. 4 fr.

Dans les Montagnes Rocheuses, par le baron E. DE MANDAT-GRANCEY. Un vol. in-18, avec dessins de Crafty et carte spéciale. Prix. . . . . 4 fr.

En visite chez l'oncle Sam, par le baron E. DE MANDAT-GRANCEY. Un vol. in-18, avec carte et grav. 4 fr.

Paris. Typographie E. Plon, Nourrit et Cⁱᵉ, rue Garancière, 8.

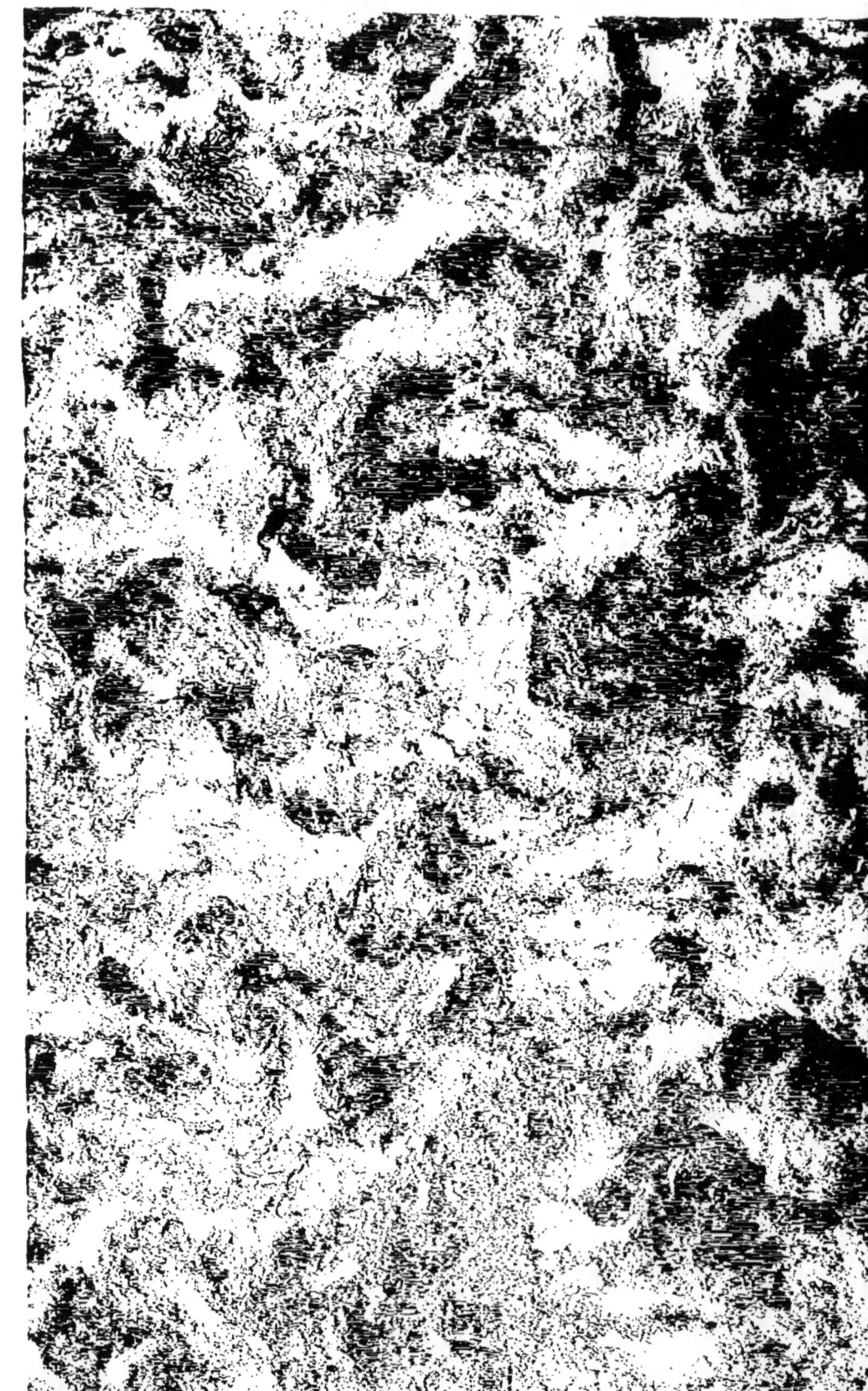

www.ingramcontent.com/pod-product-compliance
Lightning Source LLC
Chambersburg PA
CBHW050645170426
43200CB00008B/1160